厦门理工学院学术专著出版基金资助
国家自然科学基金青年项目（批准号：72001184）
福建省自然科学基金青年项目（批准号：2021J05264）
辽宁省教育厅科研项目（批准号：LJ112413217005）

经管文库·管理类

前沿·学术·经典

社会化商务中消费者
感知信任传递模糊模型研究

RESEARCH ON A FUZZY MODEL OF
CONSUMERS' PERCEIVED TRUST
TRANSITIVITY IN SOCIAL COMMERCE

尹　进　尹子民　周子轩　耿　新　著

经济管理出版社
ECONOMY & MANAGEMENT PUBLISHING HOUSE

图书在版编目（CIP）数据

社会化商务中消费者感知信任传递模糊模型研究 /
尹进等著. -- 北京：经济管理出版社，2025. 4.

ISBN 978-7-5243-0145-5

Ⅰ. F713. 365. 2

中国国家版本馆 CIP 数据核字第 2025GP8888 号

组稿编辑：杨国强
责任编辑：赵天宇
责任印制：许　艳
责任校对：王淑卿

出版发行：经济管理出版社
　　　　　（北京市海淀区北蜂窝 8 号中雅大厦 A 座 11 层　100038）
网　　址：www. E-mp. com. cn
电　　话：(010) 51915602
印　　刷：唐山昊达印刷有限公司
经　　销：新华书店
开　　本：720mm×1000mm/16
印　　张：11
字　　数：151 千字
版　　次：2025 年 5 月第 1 版　　2025 年 5 月第 1 次印刷
书　　号：ISBN 978-7-5243-0145-5
定　　价：98. 00 元

前　言

　　社会化商务依托于社会化媒体，是电子商务发展的新趋势。而在线交易的高感知风险性、商家加入的门槛低等问题却带来社会化商务的信任危机问题，引起国内外学者的广泛关注。社会化商务的高交互性特点改变了消费者建立感知信任的方式，消费者通过在线口口相传、以他人推荐信息为依据建立感知信任，是一种典型的信任传递过程。信任传递模型起源于计算机网络安全领域，研究对象为计算机节点间的信息交互，传统的信任传递模型包含两个阶段：信任传递计算和信任融合计算。传统信任传递模型在社会化商务的新背景下存在一定的局限性：①信任传递模型难以实时处理海量信息，如何快速计算消费者感知信任是信任传递模型在社会化商务背景下面临的首要难题；②消费者将他人推荐信息转化为感知信任是一个主观到客观的转化过程，传统信任传递模型研究主体为计算机节点，不考虑人感知的主观性和模糊性，因此，社会化商务中信任传递过程的复杂性、影响因素的多维性导致感知信任的刻画及感知推荐信任的计算难题；③对海量推荐信任进行聚类是满足实时要求的有效解决方案，而社交网络关系是社会化商务中消费者感知信任最重要的影响因素，但网络结构却难以与感知推荐信任同时处理，带来感知推荐信任聚类难题；④在计算机网络特别是 P2P 网络中不存在中央控制

·1·

机制，不必考虑主体过往相关经历，而在社会化商务中，消费者做交易决策时，是将他人推荐和过往类似经验相融合，对信任融合计算提出了新的要求。

根据社会化商务中信任传递特点，本书对信任传递模型的框架进行重构，按照消费者感知信任的形成过程，提出"先聚类，后融合"的研究思路，将两阶段模型拓展为"信任传递—聚类—信任融合"三阶段，解决大规模网络中感知信任实时处理难的问题。用直觉模糊集刻画消费者感知信任并引入消费者感知信任的关键影响因素，使模型能够应用于社会化商务背景下，最后用数据和仿真实验验证模型的有效性。本书主要研究内容如下：

（1）考虑消费者信任特质的感知推荐信任直觉模糊集构建。对感知推荐信任形成的关键影响因素进行分析，用直觉模糊集刻画消费者感知信任，同时结合多属性决策方法来整合感知信任的关键影响因素并计算推荐者的影响力系数，用该系数并结合消费者信任倾向对推荐信息的直觉模糊集进行调整，从而将推荐信息转化成消费者主观的感知推荐信任。

（2）基于谱平分方法的关系导向型感知推荐信任聚类方法研究。针对聚类方法难以体现在线社会关系，而网络划分方法难以反映感知推荐信任的问题，从社会网络中抽取出关系亲密度与感知推荐信任相似性网络并构建 Normal 矩阵，然后改进 Normal 矩阵的生成方法，将直觉模糊集理论和基于 Normal 矩阵的谱平分方法相结合，构建感知推荐信任聚类方法。

（3）考虑消费者经验的多源信任融合模糊模型。首先，引入从众行为对多个聚簇的感知推荐信任直觉模糊集进行聚合，体现消费者"少数服从多数"的心理，并引入主观逻辑方法改进聚合方法，解决直觉模糊集理论加法计算中非隶属度急剧减少的问题；其次，对基于案例的决策理论进行扩展，并与直觉模糊集理论相结合，计算消费者感知经验信任；最后，引入锚定理论对感知推荐信任聚合值和感知经验信任进行融合，从而构建多源信任融合模糊模型。

　　本书中提出的模型将传统模型的两阶段范式扩展为"信任传递—聚类—信任融合"三阶段。将消费者的感知信任划分为感知推荐信任和感知经验信任，将直觉模糊多属性决策方法、谱平分方法、基于案例的决策理论和主观逻辑方法相互交叉和渗透，构建社会化商务中消费者感知信任传递模型。该模型能够体现消费者感知信任的主观性和模糊性，为大规模社交网络中海量推荐信息的处理提供解决方案，为完善信任传递方法体系做出贡献，为预测和分析社会化商务背景下消费者的感知信任提供方法支持。该模型可以作为社会化商务中基于信任的推荐系统内核，并为社会化商务平台制定精准的营销策略提供帮助。

主要符号

本书中重要的符号和代表意义说明如下:

符号	代表意义
R	推荐信息集合
r_i	推荐信息直觉模糊集
D	消费者对推荐者影响力属性集合
ω	消费者对推荐者影响力属性的权重向量
O	推荐者属性影响力感知的直觉模糊集矩阵
ε	推荐者属性直觉模糊集的加权集结算子
$\varphi(e_h')$	推荐者影响力系数
$\overline{TR_i}$	不考虑主体信任倾向差异性的消费者感知推荐信任
TR_i	考虑主体信任倾向差异性的消费者感知推荐信任
λ	消费者感知信任倾向系数
sr_{ij}	感知推荐信任直觉模糊集之间的相似度
SR	感知推荐信任直觉模糊集之间的相似度矩阵
F	交往频率矩阵
$TR(C_h)$	聚簇的感知推荐信任综合值

符号	代表意义
$s(p_i,\ Q)$	过往交易决策事件 p_i 与新问题 Q 决策情境之间的相似度
$T(Q)$	消费者根据过往决策经验建立的感知经验信任
θ_h	h 个聚簇的相对从众系数
$T(R)$	考虑从众系数的多聚簇感知推荐信任综合值
T	多源感知信任的融合值

目　录

第一章 绪论

第一节 研究背景与意义

一、研究背景

社会化商务（Social Commerce）依托于社会化媒体，是电子商务的一种新兴形式。近年来，以淘宝为代表的第三方交易平台开始逐步添加和完善社交功能，而以新浪微博和微信为首的社交媒体平台也在不断丰富其交易功能，将社交网络与在线交易紧密结合的社会化商务模式是电子商务发展的重要方向。

社会化商务具有高交互性特点，消费者根据在线社会关系和用户生成内容进行购买决策是消费者建立感知信任的新方式，社会化媒体中的用户生成内容（如分享产品购买信息、消费体验与评价等）通过社交网络迅速传播，成为消费者建立感知信任的重要依据。然而，由于社会化商务中用户生成内容海量化、在线交易不确定性高和商家进入门槛低等问题，导致消费者感知风险较高，信任危机严重。如何为用户提供有价值和可信的推荐信息，分析和预测消费者的感知信任，有效引导其消费决策并制定精准营销策略，是社会化商务平台面临的新问题和发展的"瓶颈"，如何度量和预测消费者根据他人推荐建立的感知信任是亟待解决的问题。

根据文献检索数据统计，目前社会化商务研究领域中受到最多学者关注的研究主题是信任，而社会化商务独有的社会互动性特点，决定了他人推荐对消费者感知信任的重要影响。消费者根据他人推荐建立感知信任是典型的信任传递问题。信任传递研究起源于网络安全研究领域，常用于解决分布式网络中节点身份认证和识别问题。当网络中的某个主体需要根据他人推荐判断另一主体是否可信时，信任传递模型用于计算主体通过多条路径上的推荐信息形成间接的信任度。国内外学者对信任传递模型进行了大量的研究，并以 D-S 证据理论、主观逻辑等方法为代表，形成了比较完善的理论体系，而信任传递模型的应用研究领域逐渐从计算机网络安全领域扩展到传感器网络、电子商务和社会化商务研究领域。

社会化商务中消费者的感知信任来源于两个方面：一是通过社交网络中他人推荐产生的感知推荐信任；二是根据个体交易决策经验建立的感知经验信任。在信任传递过程中，消费者的感知信任由上述两部分构成，而感知信任的形成具有极强的模糊性和主观性特点，对传统的信任传递计算方法提出了新的挑战。

（1）信任传递过程的主观性及感知信任的多因素性，带来感知推荐信任计算难题。推荐者的属性往往会对主体感知信任造成影响，对主体的感知信任产生增强或减弱的作用，而源于计算机网络安全领域的信任传递模型认为信任随传递过程必然衰减，与在现实中消费者信任心理不符，如何融入推荐者属性是信任传递模型在社会化商务背景下面临的首要难题。

（2）用户生成内容的海量化、动态性导致多源融合模型实时处理难。社会网络规模庞大，用户生成内容实时更新，因此推荐信息具有动态性、海量化的特点，如何快速处理海量化信息以应对社会化网络的实时变化是构建融合模型的第二个难点问题。

（3）感知信任的多源性。消费者感知信任来源于个人过往决策经验以及社交网络中的他人推荐，将两者结合对新的交易进行决策是主观性极强的加工过程，如何对多源信任进行有效融合，是信任传递模型面对的第三个难点问题。

针对以上问题，本书以直觉模糊集为基础，按照"先聚类，后融合"的思路，将多属性决策方法、主观逻辑方法和基于案例的决策方法（Case-Based Decision Theory，CBDT）相结合，融入消费者感知信任的主观因素而构建感知信任传递模型。该模型将结合多种方法，有助于完善信任传递研究体系，对研究多学科交叉具有参考意义。

二、研究意义

随着社会化商务的兴起，社会化商务中消费者信任问题已成为学术界和电子商务相关企业共同关注的前沿问题。在大规模动态网络中，如何快速分析和预测消费者根据他人推荐和过往决策经验建立的感知信任，对社会化商务引导消费者流量、提升服务质量、制定有针对性的营销策略及深化该领域理论都具有一定的意义。

在理论层面上，本书对信任传递模型框架进行重构，针对社会化商务背景规模庞大、高动态性特点，将"信任传递计算—信任融合计算"两阶段信任传递模型范式扩展为三个阶段，采用"先聚类，后融合"的思路构建社会化商务中消费者感知信任传递模型，实现对大规模动态网络中消费者感知信任的快速处理。从计算机网络安全领域到社会化商务背景，信任传递模型面临最大的变化是信任传递主体从计算机节点转变为人，传递内容从客观信任度信息转变为主观感知信任。针对消费者感知信任的模糊性特点，本书采用直觉模糊集刻画感知信任，在信任传递计算中考虑推荐者和接收者的属性特质，将客观的推荐信息转化为主观的感知信任；针对大规模网络海量推荐信息难以快速实时处理的问题，考虑感知推荐信任和社交网络关系改进网络划分方法，实现对海量感知推荐信任的快速处理；针对消费者感知信任多源性特点，将信任融合模型扩展为感知经验信任和感知推荐信任两部分，考虑消费者从众心理，对多聚类感知推荐信任进行融合，基于案例的决策理论（CBDT）度量消费者根据过往类似交易决策建立的感知经验信任，并引入锚定理论将感知推荐信任和感知经验信任这两种来源的感知信任进行融合。

本书提出的基于直觉模糊集的社会化商务消费者感知信任传递模型，将系统科学与行为科学相结合，充分考虑社交网络背景下信任传递行为的变化以及人的主观性，引入感知信任的关键影响因素和人感知信任的特点，在模型的框架和内涵上对传统信任传递模型进行扩展，使信任传递模型能够适用于社会化商务研究背景，对完善信任传递研究具有理论意义，而将多种方法相结合，优势互补，对研究多学科交叉具有参考意义。

在实践层面上，在当今 Web3.0 时代，客户通过社交网络分享体验，口碑拉动销售额，流量影响定位营销，用户间体验的分享对社会化商务商家的产品营销起到决定性作用，立足于消费者角度，了解和分析社交网络中消费者的信任趋势，为消费者提供有针对性的营销策略，是社会化商务商家需要面对的新问题。本书构建的模型能够为社会化商务商家预测消费者感知信任提供新的度量方法，可以为大规模网络中消费者感知信任的度量和预测提供新视角，为商家实时分析消费者感知信任意向和制定营销策略提供方法支持，适合作为社会化商务平台推荐系统架构的内核，为社会化商务平台引流和制定精准营销策略提供帮助。

第二节 国内外相关研究综述

本书在直觉模糊集基础上构建信任传递模型，先将客观的推荐信息转化为主观的差异化感知信任，再采用"先聚类，后融合"的思路对感知信任进行计算。

一、社会化商务研究进展

社会化商务是以社交媒体为基础的新兴商务模式，同时是电子商务的重要发展方向。Web2.0技术的不断进步使消费者能够方便地在网络平台上进行互动，快速发布用户生成内容，并逐渐形成不同类型的社会化商务业态，创造了可观的经济价值。大型电子商务平台都在与社交媒体整合寻求新的发展前景（如淘宝与新浪微博、京东商城与微信等），或者独立扩展社交媒体或线上交易业务（如淘宝发展出的美丽说、微淘，腾讯微信的微店等）。随着电子商务发展重心逐渐向社会化商务方向转移，社会化媒体逐渐成为社会化商务的核心平台，从而引发国内外学者的广泛关注。国内外学者对社会化商务的研究主要集中在采纳、购买意愿等方面。

社会化商务从萌芽到发展的时间很短。虽然在社会实践层面发展速度非常快，但各大网络巨头仍在进行探索，未能形成完善的体系或者固定的模式，社会化商务仍处在起步阶段。在早期的社会化商务研究中，学者们对社会化商务的模式与架构进行了理论上的分析：Zhao Huang 和 Morad Benyoucef（2013）对社会化商务的整体框架进行了系统的分析，认为社会化商务应包含个人、主体间对话、交流、社区以及商务四个层次，为社会化商务平台的建立、电子商务平台向社会化商务平台转型以及社交媒体整合线上交易等模式提供了基本架构。

随着社会化商务的发展，社会化交易体系逐渐形成，国内外学者的研究重点开始集中在社会化商务平台上消费者对新技术的采纳和购买意愿的形成机制方面。围绕着社会化商务消费者购买意愿方面，卢云帆等（2014）分析了在线沟通的影响因素和其对购买意愿的推动作用，基于约束理论和社会学习理论构建在线沟通模型，证明了在线沟通对购买意愿具有显著影响。卢云帆等（2015）从消费者负面情绪这一独特的视角入手，对不满意客户再次购买行为的形成机制进行研究，发现社会支持对再次购买起到积极作用，而抱怨对再次购买行为没有显著影响，其研究结果为社会化商务卖家提供售后服务和更好地处理消费者的负面情绪有着重要的贡献。张洪等（2017）基于刺激—机体—反应（Stimulus-Organism-Response，S-O-R）框架，从社会化购物社区的技术特征角度对消费者购买意向进行研究，验证了技术特征对购买意向的正向影响，而自我参照性对购买意向有显著影响。张洪等（2017）还从消费者体验的视角验证了体验与消费者参与社会化商务意向之间的关系。Aihui Chen 等（2018）从社会学习（Social Learning）视角探讨了社会学习（包括从论坛和社区学习、通过评价和评论以及社会推荐学习）对消费者内部心理过程的正向影响，以及对消费者购买决策的间接影响。

Manjit S. Yadav 等（2013）对社会化商务的内涵进行了定义：社会化商务是发生在以计算机为媒介的社交环境中个人社交网络上的交易行为，涉及需求分析、预购、购买和购买后等行为。Kem Z. K. Zhang 和 Bengoucef M. （2016）对社会化商务中消费者行为进行了细致深入的研究，在 S-O-R 框架下对消费者需求认知、搜索、评价、购买和购买后等一系列行为的刺激和反应机制进行了探讨，构建了社会化商务中消费者行为的研究框架。

Kem Z. K. Zhang 和 Bengoucef M. （2016）从关系质量视角对社会化商家如何通过信息展示来提高消费者的品牌忠诚度进行了实证研究，证明个体因素、社会因素和商家提供的信息质量三种影响因素对消费者与商家间关系质量有着显著的正向影响，并对品牌忠诚度产生显著的间接影响。

高琳等（2017）也在 S-O-R 框架下从社会化商务中网络口碑的论据质量和信息源可靠性两个角度对消费者购买意向的影响进行研究，证明了论据强度和信息源活跃度等因素能够显著增强消费者的认知反应，并与情感反应共同影响消费者的购买意向。

耿荣娜（2017）运用扎根理论抽取社会化电子商务用户信息采纳的动机要素，分析社会化电子商务用户信息采纳的动机，并以技术接受与感知风险理论、使用整合模型（UTAUT）和信任理论为基础，构建了社会化电子商务用户初次信息采纳影响因素的概念模型，并通过实证研究对消费者采纳行为进行分析。

综上所述，近年来社会化商务在商业应用上不断突破，并已逐渐成为大众普遍接受的在线交易模式，但其商业模式尚不成熟也未形成稳固的业态。而在理论层面，学者们对社会化商务的研究主要是早期对这种商业模式架构的探索和近期对消费者购买行为的实证分析方面。相对于成熟的传统电子商务模式中大量的研究内容，社会化商务在商业应用和理论研究方面尚处于初级阶段，仍有较大的商业发展前景和理论研究空间。

二、消费者信任及信任传递模型的研究进展

近年来，我国电子商务和社会化商务飞速发展，在成交额、用户数量和支付便捷程度等方面处于世界领先水平，而信任问题始终是我国电子商务发展的制约因素。因此，研究我国电子商务和社会化商务中的信任问题具有重要的实际意义，同时也是中国特色的现实问题。

陶晓波等（2015）在《管理评论》发表综述，通过对社会化商务领域大量文献的统计分析，证明信任是社会化商务中的研究热点问题和主线。对消费者感知信任的研究体现在消费者个体和交互层面两个方面：在个体层面，众多学者对消费者感知信任的影响因素进行了大量研究，通过实证研究分析感知信任的关键影响因素；在交互层面，国内外学者以信任为研究主题，将信任与商业模式、在线团购、推荐系统、商家信誉和信息协同过滤等方面相结合而进行了大量的研究，其中又以推荐系统和信息协同过滤为研究主线，并在信息系统领域引起学者们的广泛关注。由此可见，在社会化商务背景下，信任问题是国内外学者研究的主要方向。

本书研究主旨在于分析和计算消费者通过在线口口相传和自身经验获得的感知信任度，为社会化商务平台构建基于信任的推荐系统和精准营销策略提供方法支持，研究方向与社会化商务中信任问题的主流方向相符。

消费者通过在线口口相传建立感知信任是典型的信任传递问题，与起源于计算机网络安全领域的信任传递研究相比，社会化商务中信任传递问题涉

及人感知信任的主观因素,导致社会化商务中消费者感知信任的形成机制非常复杂。特别是在信任与不信任间的关系方面,过往大量数学模型对信任采取可信概率形式刻画。然而一些重要的研究表示,人的信任与不信任是两个不同的维度,这给消费者感知信任的刻画与计算增加了难度。本书对社会化商务中消费者感知信任、信任与不信任的关系以及信任传递模型三个方面相关研究进行综述。

(一) 社会化商务中消费者感知信任相关研究

社会化商务是电子商务的新模式和新的发展方向,社交媒体在一定程度上减少了在线交易的不确定性,但与传统电子商务比较,社会化商务中消费者感知信任的形成机制以及交易决策动机有显著的独特性,由于人与人之间交互性的显著提高,感知信任的形成机制比传统电子商务中更加复杂,因而引发国内外学者广泛的关注。国内外学者对社会化商务中消费者感知信任形成机制的研究大多通过实证方法,研究视角主要有以下几种:

1. 社会交互性或主体间关系视角

人与人之间的在线社会关系是社会化商务与电子商务的重要差别之一,社会交互性能够帮助消费者降低感知风险,提高消费者的感知信任。张洪等(2017)以社会化购物社区(Social Shopping Community, SSC)为研究背景,通过对美丽说用户的实证分析,证明社区交互性是消费者感知信任的重要影响因素,当SSC具备较高的交互性时,社区消费者之间交互频繁,更容易产生对社区的认知及情感信任,并进一步促进交易行为的发生。

社会化商务中消费者交易决策行为机制非常复杂,是一个社会化、心理学和管理学等多学科融合的研究领域,且具有线上交易的独特性。林家宝等

（2017）以交换理论为基础，以关系质量的紧密程度和信任为交易决策的关键影响因素，构建社会化商务环境下消费者购物决策模型，并通过调查问卷收集实证数据验证社会化商务中互动性、黏性和口碑推荐对信任和快速关系质量的直接影响机制，以及信任和快速关系质量对消费者购买意愿的影响，证明快速关系和信任是社会化商务中消费者购买决策的关键影响因素。

与电子商务交易方式相比，社会化商务中频繁的社会互动形成的社会关系驱动消费者的交易行为，而信任与社会关系的质量密切相关。方文侃和周涛考虑了社会互动在社会化商务交易行为中的重要作用，认为信任影响消费者的分享和购买意愿，消费者对具有社会关系"亲友"的信任会通过信任转移方式形成信任传递链，因此，消费者对他人的信任以及对其所在"社区"的信任直接影响消费者的购买和分享意愿。

社区黏性下降是社会化商务面临的难题，周军杰（2015）也从社会互动视角出发，考虑他人分享信息行为动机感知信任的产生机制，证明基于善意、能力和品格的感知信任对用户黏性有显著影响，而社会互动式消费者了解其他社区成员的重要方式，对感知信任的产生起到关键作用。社交媒体以微信和微博为代表，已成为"微商"的重要经营手段和宣传方式。

社交媒体带来的社会临场感能够有效降低消费者的感知风险。Baozhou Lu 等（2016）从社会临场感视角出发，对社会化商务中消费者的感知信任和购买意向进行研究，证明社会网络中的临场感、对他人的感知和与卖家之间互动的社会临场感是消费者感知信任的重要影响因素，而对商家的信任直接影响消费者的购买意向。

2. 社会化商务建构视角

在社会化商务中，其他用户的推荐对消费者的感知信任和购买意向有显著影响。Hajli（2015）认为，社会化商务架构由评价、推荐等用户生成内容以及论坛和社区组成，而信任既是社会化商务中的核心问题，也是购买意向的必要前提，并通过实证研究证明了社会化商务架构和感知信任对购买意向的显著影响。M. Shanmugam 等（2016）在 Hajli 的研究基础上进一步延伸，将社会化商务架构拆分为情感支持（Emotional Support）和信息支持（Information Support），并通过 Facebook 等社交平台收集数据，验证了社会支持和社会分享对信任的显著影响。

随着社会化商务的飞速发展，消费者的购买决策越来越依赖于他人的推荐，他人的推荐信息作为一种社会支持（Social Support）通过信任传递方式，对消费者的感知信任产生影响，进而影响消费者的交易决策。Jun Chen 和 Xiao-Liang Shen（2015）从社会化购物（Social Shopping）和社会化分享（Social Sharing）两种不同的视角出发，结合承诺—信任理论和信任传递理论，将社会支持细分为情感支持和信息支持，并以社区承诺及信任作为中介变量，探索消费者社会化购物及分享的动机，实证分析结果表明，作者构建的模型对购物及分享动机有着很好的解释效果。

3. 口口相传的动机

社会化商务以社交网络为基础，用户生成内容以在线社会关系为媒介，在人与人之间口口相传形成信任传递过程。口口相传（Word-of-Mouth，WOM）是一种人与人之间信息交流行为模式，在国内被称为"口碑营销"，是社会化商务企业重要的营销手段。社交媒体的加入为社会化商务的参与者提供了交流的平台，个人购物的感受以用户生成内容的形式对其他用户起到推荐作用。口口相传正是在这样的过程中产生的。如果用户没有分享和表达的动机，社交网络上就没有海量的用户生成内容，社会化商务就退回到传统电子商务模式。因此,在线口口相传(Online Word-of-Mouth)是社会化商务中主体间交互性的形成基础。国内外学者对口口相传的动机和对消费者感知信任的影响进行了大量研究。

Kim S. 和 Park H.(2013)以韩国社会化商务为背景,对消费者信任和口口相传的动机进行研究,通过实证方法证明信誉、信息数量、交易安全性以及口口相传相关行为等,对消费者感知信任和口口相传动机起到显著影响。

社会化商务中大量的用户生成内容是消费者购买意愿的重要驱动力,社交媒体中大量的用户生成内容和分享与转发等行为是社会化商务与电子商务的重要区别。左文明等(2014)从社会资本视角出发构建网络口碑与购买意愿的关系模型,通过实证研究证明了信任对网络口碑数量与质量的显著影响。

Omer Gibreel 等(2018)从社会化商务的平台视角出发,从社会、技术等方面入手,将熟悉程度、口口相传和技术效用作为社会化商务中消费者感知信任的前件,通过在线问卷收集数据,证明熟悉程度和口口相传对消费者信任有显著影响,而感知信任显著影响消费者搜索和交易的意愿。

从国内外学者对社会化商务中消费者感知信任的相关研究来看,信任既是购买意向的关键影响因素,也是社会化商务研究的热点问题。社交媒体的加入、社会交互性和口口相传既是社会化商务的主要研究视角,也是社会化商务与电子商务的主要区别。

(二)消费者感知信任与不信任的关系

不信任指个体对与他人的交互行为怀有消极的预期,保持一种怀疑的态度,表现为害怕和担心,不信任在高风险的网络环境下显得尤为重要。在很多早期的研究中,许多国内外学者将信任和不信任视为一种感知的相反两端，而在近年的研究中，学者通过实证和脑科学研究手段，证实了信任与不信任感知往往同时存在，但信任与不信任属于不同维度的两个概念。当研究消费者信任时，应该同时考虑个体的信任和不信任感知，而不是只考虑消费者的信任，这样才能更好地反映消费者真实的心理活动。

Luhmann（1979）最早在其研究中提到信任与不信任感知是同时存在的。Guha 等（2004）认为网络存在大量虚假信息，针对在线关系往往非常脆弱这一问题，对比分析了用户信任与不信任在在线网络中的不同扩散方式，为构建在线信任网络（Web of Trust）提供方法和支持。

Roy J. Lewicki 等（1998）通过大量的文献分析，以 Luhmann 对信任与不信任的分析为基础，提出了信任与不信任关系的多维理论模型，其研究成果为众多学者所沿用。他们认为信任与不信任是两个相关但属于不同层面的概念，低信任并不意味着高不信任，相反，低信任与低不信任、高信任与高不信任同时存在的状态是个体信任感知的常见状态，而低信任高不信任等平衡和一致在人的感知中是临时和过渡阶段。D. H. McKnight 等（2004）认为，信任与不信任并不是单一感知的两端，而是两个截然不同的概念。以 Roy J. Lewick 的研究结果为基础，通过构建实证模型同时考察信任与不信任意向与消费者对 Web Advice Provider 的信任倾向之间的关系，证明个体的信任意向更适用于低风险感知的预测，不信任意向则更适用于高风险感知的预测。

Paul A. Pavlou 和 D. Gefen（2005）对电子商务市场的心理违约问题进行研究，认为信任与不信任是相伴出现的，但两者的作用是截然不同的。信任是在个体理解对方时认为对方是可信的，而不信任则意味着怀疑和恐惧。

A. Dimoka（2010）应用功能性磁共振成像方法（Functional Magnetic Resonance Imaging，FMRI），从脑科学的层面证明在线拍卖背景下，消费者的信任与不信任感知产生于不同的大脑活动区域，从生理学和心理学层面，证明了信任与不信任感知属于截然不同的两个概念。

综上所述，在电子商务研究领域，消费者对商家的感知包含信任与不信任两个维度，信任与不信任感知产生于不同的大脑活动区域，并不是一种情感的两端，而是互有关联的两个维度。过往大量信任相关的数学模型将信任抽象为可信概率。通过上述文献综述可以看出，在传统信任传递模型中，信任度与不信任度相加为1的概率描述不能很好地刻画消费者的感知信任，消费者的感知信任具有模糊性和多维性特点。

（三）信任传递模型研究现状

1. 信任传递模型研究范畴界定

信任传递（Trust Transitivity）指主体 A 借鉴主体 B 对主体 C 的信任形成对主体 C 的间接信任，描述的是信任在多个主体之间传递的过程。与之非常相关的研究主题——信任转移（Trust Transfer）是主体建立初始信任的两种不同方式。本节对信任传递和信任转移进行区分，并对信任传递的研究范畴进行界定。

信任传递指主体依赖于他人的推荐信息建立信任感知，而信任转移是一个主体对某事物已有的信任，在情境转换后产生了新的信任感知。信任可能从一个可信的实体向未知实体发生转移，也可能从熟知的环境向陌生的环境转移，即渠道内和渠道间的信任转移。目前，信任转移的两个重要研究方向包括从线下到线上，以及从电子商务到移动商务的信任转移。其中，线下到线上的信任转移研究，大多针对同时采用传统渠道和电子商务渠道营销模式（Brick-and-Click）的企业，如 Kun Chang Lee 等（2007）以银行用户为研究对象，揭示了用户的线下信任对线上银行业务感知使用程度和网站满意度的直接作用及间接作用。Lee 等（2007）借鉴社会资本理论构建模型，探讨了线上信任的构成问题，证明了线下信任是线上信任的重要组成部分。杨庆等（2008）等引入刻板印象理论构建实证模型，研究了消费者对联华超市的线下信任对线上信任和购买倾向的影响。电子商务到移动商务是信任转移研究的前沿问题，Lin 等（2011）对证券服务、支付服务和经纪服务用户的信任转移问题进行了研究，并通过实证证明了移动商务中用户初始信任影响其行为倾向。信任转移常用实证方法分析主体的信任在另一情境中的变化和对主体行为的影响，在研究的问题和研究方法上与信任传递存在明显差异。将信任传递模型与信任转移思想相结合，以探讨推荐信息在多个不同情境下的转换。

2. 信任传递的起源及基本原理

信任传递起源于计算机网络安全领域，用于解决分布式网络中可信性判断问题，指主体 A 为了判断网络中可信度未知的主体 X 是否可信，通过网络图中与 X 相连的路径中 X 邻居节点提供的交互历史，及邻居的交互历史递推出 X 是否可信，是无中央控制机制的网络中信任管理的核心研究问题。信任传递常用于构建计算机网络信任管理系统，如 Blaze 等于 1996 年构建的第一代信任管理系统 Policy Maker，应用信任传递的思想设计了基于逻辑的信任关系推导方法。Beth 等（1994）明确地将信任分为直接信任和间接信任，根据交互成功与失败次数计算间接信任，并给出了多路径上综合信任度的计算方法。此后计算机网络安全信任管理的相关研究多沿用其研究思路，Beth 的研究成果奠定了信任传递研究的基础。

传统的信任传递模型包含两个阶段，分别是信任传递阶段和信任融合阶段。在信任传递阶段，推荐信息随着主体间路径从信任的推荐者（Trustor）向接收者（Trustee）方向传递；而信任融合阶段，接收者将多条信任链传递来的推荐信任进行汇总，形成信任综合值。传统的两阶段信任传递模型如图1.1所示。

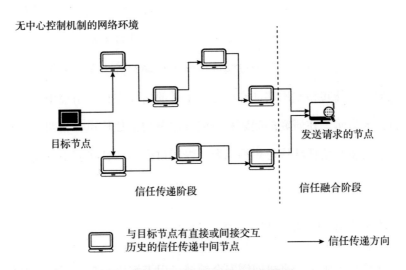

图 1.1　传统信任传递的两阶段模型

　　传统信任传递模型中信任传递和融合的原理可分别表达为式（1.1）和式（1.2），这也是信任传递的基本形式。假设网络中共有 n 条信任传递链，L_i 表示第 i 条信任传递链上所有节点的集合，$TR^i_{|L_i|}$ 表示该路径尾端节点提供的推荐信任。推荐信任从信任传递链的尾端向前传递，在每一步传递过程中，信任接收者获得的推荐信任 $TR^i_{|L_i|-j}$ 由其邻居节点传递来的推荐信任 $TR^i_{|L_i|-j+1}$ 和接收者对推荐者的信任 $T^i_{|L_i|-j,|L_i|-j+1}$ 复合而成，而在信任融合阶段，接收者对 n 条信任传递路径的推荐信任进行融合，形成最后的信任综合值 T，因此，信任传递模型可表述为：

$$TR^i_{|L_i|-j}=TR^i_{|L_i|-j+1}\times T^i_{|L_i|-j,|L_i|-j+1},\ j\in[1,\ |L_i|-1],\ i\in[1,\ n]\quad(1.1)$$

$$T = TR_1^1 + TR_1^2 + \cdots + TR_1^n \tag{1.2}$$

其中，式（1.1）为信任传递的递推公式，式（1.2）为信任融合原理。

3. 信任传递模型分类

按照构建模型的方法，信任传递模型可分为数学模型和复杂网络模型，数学模型进一步分为基于概率论的信任传递模型和基于模糊数学的信任传递模型。

（1）基于概率论的信任传递模型。基于概率论的信任传递模型将主体间的信任度以概率形式表示，概率值表示主体与其他主体交互时获得期望结果的可能性。Yan Lindsay Sun 等（2006）针对 ad hoc 网络安全问题，构建了基于概率论的信任传递模型，用来抵御恶意节点提高 ad hoc 网络整体的安全性。吴鹏等（2008）针对 P2P 系统中策略性欺骗和不诚实推荐两种恶意行为，应用概率论构建了 P2P 系统信任评价模型，用于抑制恶意节点的攻击行为。鄢章华等（2010）将信任度从 [0，1] 扩展到 [-1，1]，在信任与不信任之间以 0 为界限增添了信任度的倾向性，并制定了相应的信任传递的推理规则，生成不同信任氛围下信任的传递机制和叠加机制，对供应链成员之间的信任传递过程和均衡状态进行研究。

围绕着信任度的传递性计算，基于概率论的信任传递模型逐渐发展出两类较为完善且相互关联的方法体系，它们分别是 D-S 证据理论和主观逻辑方法：

D-S 证据理论是由 Dempster（1967）以 Bayesian 理论为基础提出的一种不确定性推理方法，其中的证据合成公式能够整合两个相互独立的信息源提供的证据。而后，Shafer（1976）在 Dempster 研究工作基础上进一步拓展，将合成规则推广到更一般的情境，从而形成了 Dempster-Shafer（D-S）证据理论。证据推理理论适用于处理不确定性问题，能够将不同来源的信息进行融合计算。国内外学者应用证据理论的这一特性构建信任传递模型，计算多条信任链上的综合信任度。田博和覃正（2008）应用 D-S 证据理论构建 B2C 电子商务中的推荐信任评价模型，预测新消费者根据其他成熟消费者的推荐信任建立对商品的感知信任。成坚等（2009）以无线传感器网络为研究背景构建基于 D-S 理论的信任传递模型，构建直接信任度更新机制，并用证据距离度量法修正间接信任的权值，最后用 Dempster 组合规则计算被评估节点的综合信任值。D-S 证据理论能够表达主体感知信任的不确定性，且适用于处理多条信任链的推荐信任，然而 Dempster 合成规则对证据独立性的要求比较苛刻，难以有效融合冲突较大的证据，导致证据理论存在一定的局限性，更适用于推荐信任之间差异不大的信任传递问题。

针对 D-S 证据理论在冲突意见合成方面存在的不足，Jøsang（1996）对证据空间以及证据合成规则进行改进，并提出了主观逻辑方法（Trust Network Analysis with Subjective Logic，TNA-SL）。Jøsang 在二元概率模型基础上添加了"不确定"维度，以刻画人感知信任的不确定性特征，对感知信任的刻画更为深刻和丰富，且能够避免证据理论无法处理分歧较大的意见所造成的信息损失。王进和孙怀江（2009）在主观逻辑基础上进行改进，引入了乐观因子来刻画主体的个性，并提出了少数服从多数的信任聚合规则。谢福鼎等（2011）在主观逻辑方法基础上加入信任更新机制，通过间接信任来识别恶意节点，保证传感器网络的安全。与证据理论相比，主观逻辑方法能够处理分歧较大的推荐信任融合问题，对主体信任感知的抽象也更符合现实。

基于概率理论的信任传递模型将主体感知信任以可信概率形式表示，计算方法依托于概率论运算法则，有较为深厚的理论基础且计算方式简便易操作，是信任传递模型的长久以来的主流方向。

（2）基于模糊数学的信任传递模型。模糊数学对于处理不确定性问题有着天然优势。随着模糊数学在决策、优化和控制等领域的不断发展，以模糊数学为依托的信任传递模型逐渐出现并形成重要的分支，特别是在电子商务研究领域，基于模糊数学的信任传递模型能够更好地反映人感知信任的模糊性和主观性。

基于模糊数学的信任传递模型常用于构建柔性化的网络安全控制系统：唐文和陈钟（2003）针对开放式网络安全问题，应用模糊集合理论构造了主观信任管理模型，将主体信任的主观概念用概念树表达，用模糊评判方法计算主体的信任向量，并用 Einstein 算子作为模糊算子来计算网络中节点的综合信任度。Kamal K. Bharadwaj 和 M. Y. H. Al-Shamri（2009）应用模糊数学方法构建了信任传递模型，采用信任和信誉两种标准对推荐信息进行过滤，在模型中引入了节点间互惠机制和个体经验，并建立满意和不满意两个模糊子集表述节点间对相互评分的满意程度。王良民等（2010）针对无线传感器网络（Wireless Sensor Networks，WSNs）安全问题，提出了模糊信任评估模型，针对智能攻击方式设计了模糊信心值的攻击容忍机制，限制恶意节点篡改数据的幅度，维护网络的安全。饶屾和王勇（2011）针对 P2P 网络中的选择性欺骗、周期性欺骗行为和不活跃节点现象，应用模糊评价方法构建了 DFCTrust 模型。

基于模糊数学的信任传递模型也逐步扩展应用于电子商务和移动商务研究领域：Li 和 Kao（2009）应用模糊逻辑和模糊推理等方法构建了信任传递模型，创建了基于信任的同侪生产（Peer Production）服务推荐系统（TREPPS），辅助用户进行服务选择多准则决策，降低用户信息查找的复杂性，解决同侪生产中主体质量和诚实性评估问题。Bharadwaj 和 M. Y. H. Al-Shamri（2009）应用模糊数学方法构建信任传递模型，建立满意和不满意两个模糊子集表述节点间对相互评分的满意程度，最后用 MovieLens 中的实际数据进行仿真实验，证明了模型的准确性和有效性。徐军（2015）针对移动商务中可信服务商选择问题，定义了一种广义的集成异质信息，将该问题转化为多属性决策问题，对开放网络中多维异质信任信息和推荐者信心水平进行融合以评估服务商的可信水平。

基于模糊理论的信任传递数学模型，能够体现主体感知信任的模糊性，与概率模型相比，对主体信任感知的抽象不但更为丰富，而且更能反映人的主观性特点，因此在电子商务、移动商务、现实社会网络等情境下有较大的应用空间。而基于概率统计方法的信任传递数学模型，对主体信任度的表示比较直观且便于计算，适用于研究主体复杂度较低的信任传递问题，更适合应用于网络安全研究领域。

（3）信任传递网络模型。信任传递网络模型从复杂网络视角出发，从网络演化层面分析信任传递机制，常用有向加权图来表示网络结构和节点间信任度。信任传递网络模型的研究包含三个重要研究方向：信任传递路径求解方法研究、特殊信任传递网络模型构建以及信任传递机制研究。

在信任传递路径求解方法方面，学者们以大规模网络复杂程度高为研究契机，通过寻找最有效的路径替代网络中大量的路径，以减少计算的复杂程度，缩短计算时间。Richters 等（2011）根据信任在传递过程中随着路径增长而衰减的结论，用 Dijkstra 最短路径方法寻找信任度最高的路径，并用反向搜索方法降低计算的时间和复杂性。Liu 等（2010）针对面向服务的大规模社会网络中可信服务提供商选择问题进行研究，在 H_MCOP 算法的基础上提出了启发式算法 H_OSTP（Heuristic Algorithm for Optimal Social Trust Path Selection），实现在大规模复杂社会网络中的快速搜索。Kim 和 Song（2011）针对在线社会网络信任传播中的信息过载问题构建了信任传递网络模型，在 Golbeck 提出的 Tidal Trust 算法基础上提出了最小—最大复合和加权复合相结合的信任度计算方法，以寻找信任度最高的路径。这类模型虽能够有效降低计算复杂程度，但也存在损失大量信息的问题。如何降低计算量并保证计算结果不失真，是这类模型需要解决的主要问题。

在信任传递机制方面，一些学者通过实证方法对信任网络的结构特性进行了分析。Yuan 和 Guan（2011）认为，信任网络具有高动态性特征，导致信任传递计算过于复杂，他们对 trustlet. org 数据库中 Epinions、Kaitiaki 和 Advogato 等五个信任网络进行了网络结构分析，证明信任网络具有小世界特性，验证了信任传递的最大步长应与信任网络的平均路径长度接近，其研究结果降低了网络模型求解的复杂性，为信任传递链边界的确定提供了理论支持。Richters 等（2011）从信息扩散视角对信任传递的效率进行了研究，提出了节点间信任关系上的普适信任度量方法，以 PGP（Pretty Good Privacy）实际信任网络为例，对比社区型及集权型两种信任分布初始状态下信任扩散方式的区别，证明集权型分布状态下信任的扩散效率更高，证明即使在同一个拓扑结构中，不同的信任分布仍会导致截然不同的信任传递方式和扩散结果。

4. 在社会化商务中信任传递模型相关研究

随着社会化商务的发展，国内外学者对在社会化商务背景下信任传递机制和网络特性进行了一些探索。Walter 等（2008）指出，在线社会网络具有高动态性的特点，他们在信任传递网络模型中引入了"探索行为"（Exploratory Behavior）机制来控制主体选择最高信任度目标的概率，并探讨了网络密度、主体间异质性等因素对推荐系统信任传递的影响。Li 和 Chen（2009）为中国台湾 Wretch 博客构建基于信任的推荐系统，对博客的关系网络进行了深入挖掘，发现博客的信任传递网络中不仅存在用户之间的好友关系，还包含博文之间的相似和引用关系，以及博文与用户之间的从属和评论关系，他们以此为出发点构建了多层信任传递网络，将信任传递、社会关系和语义相似性相结合设计了动态博客推荐机制。Guo 等（2011）以淘宝交易数据为统计样本，考察和淘宝旺旺交互关系网络中有向三元组的形成和闭合规律，发现当两个节点的共同邻居类型为卖家时形成三元组的概率较高，而当邻居节点类型为买家时，三元组闭合的概率更高，更容易形成信任传递关系，他们的研究考虑了节点的角色属性，对社会化商务中信任传递关系形成机制做出了有益的探索。

5. 信任传递模型国内外研究现状小结

信任传递起源于计算机网络安全领域，受到国内外学者的广泛关注。在基本研究范式和模型形式方面形成了比较稳固的研究基础。从研究方法来看，网络模型从宏观网络入手，以网络结构和信任传递机制为研究重点，能够体现出多主体之间复杂的交互机制，而信任传递数学模型侧重于主体信任度的计算。两种模型虽在研究方法、研究目的和适用范围上有较大差别，但两者互为补充，从宏观和微观层面共同构成信任传递模型完善的研究体系。然而，由于其应用背景的限制，信任传递目前在管理学领域的相关研究比较有限，随着社会化商务的不断发展，网购风险及信任危机问题越来越严峻，社会化商务中信任传递问题逐渐受到国内外学者的关注，目前正处于起步阶段。另外，由于人感知信任的主观性，以及人与人之间信任传递的复杂性，社会化商务中信任传递的方式、规律以及基本研究框架尚未形成，在理论上急需完善。

三、直觉模糊集研究进展

2012 年，Atanassov 在 Zadeh（1965）提出的模糊理论基础上进行扩展，增加了非隶属度和犹豫度来描述"非此非彼"的不确定程度，能够比模糊集更细腻地描述和刻画客观世界的模糊性本质，因而比模糊集更为灵活、适用性更广，目前已广泛应用于经济、管理、工程设计等诸多领域中，特别是在软决策领域有着大量的应用。

（一）直觉模糊集多属性决策方法

徐泽水和达庆利（2002）对多属性决策中属性权重的赋权方法进行深入研究，引入偏差函数并结合线性规划目标方法，对主观赋权与客观权值进行综合，提出一种新的组合赋权方法。徐泽水（2007）对属性值为直觉模糊数且决策者对方案有偏好的一类多属性决策问题进行研究，定义了一系列判断矩阵，并用线性规划模型确定属性的权重，提出了基于直觉模糊偏好信息的多属性决策途径，使多属性决策方法更符合人的主观性。刘满凤和任海平（2015）针对决策信息不完全情况，提出了基于直觉模糊熵的权重确定方法，构建了直觉模糊集多属性决策的这种比值法，该方法能够反映备选方案与理想状态之间的距离。

Xu Z.（2007）建立了一种多属性决策直觉模糊集相似性度量方法，对匹配函数进行扩展来定义专家决策属性的正理想直觉模糊集和负理想直觉模糊集，正理想直觉模糊集取所有属性的最大隶属度和最小非隶属度，负理想直觉模糊集取所有属性的最小隶属度和最大非隶属度，并在此基础上计算专家意见的排序。Wei Gui-Wu（2010）对权重信息不完全多属性决策问题进行研究，采用灰色关联分析方法计算属性的权重向量，计算正理想方案与负理想方案之间的灰色关联度，并用算例证明了模型的有效性。

（二）直觉模糊集群决策方法

Szmidt 和 Kacprzyk（2002）针对不精确信息决策问题，提出直觉模糊集核和一致性准则，并用直觉模糊集构建群决策方法。李喜华（2012）从前景理论视角改进期望效用理论下的多属性决策理论与方法，提出了基于关联信息与前景理论的直觉梯形模糊多属性决策方案优选方法，引入前景理论构建群体聚类方法，在此基础上建立大群体聚类算法。Liao Huchang 等（2016）针对现有群决策方法中剔除偏离度较大专家意见带来信息损失的问题，将群决策与直觉模糊集偏好关系相结合，以改进一致性达成过程，对偏离度较大的专家意见进行替代。代文锋等（2017）用直觉模糊熵对主观客观因素进行综合考虑并计算专家的权重，引入证据推理方法来处理评价值隶属度为零的信息，对模糊信息融合方法进行了改进。

（三）基于直觉模糊集的评价方法

顾婧等（2015）将直觉模糊集应用于创业投资引导基金的绩效评价中，他们构建了创业投资引导基金的绩效评价指标，并用直觉模糊层次分析法对各指标进行赋值，并与模糊层次分析法进行比较，证明直觉模糊层次分析法在评价精度上更具有优势。徐军等（2015）对移动商务环境下服务提供商的可信度进行评价，引入信息熵来客观地度量推荐者的权重，将信心直觉模糊集成算子和逼近理想点方法相结合，构建信任决策模型以及多维异质推荐信任评估模型。姚远（2016）对区域创新生态系统适宜度进行评价，考虑到生态系统的动态演替性，结合生态因子的时间直觉模糊序列评价创新生态位适宜度的动态稳定性。

在电子商务研究领域，直觉模糊集有一些研究成果：由于电子商务网站的评价数据中包含大量的不确定性信息，将电子商务网站评价问题归结为复杂的多属性决策问题，用信息采集模块收集专家提供的评价信息，并用单值梯形集融合专家意见构建多属性决策模型，对 B2C 电子商务网站进行评价。徐军等（2015）将直觉模糊集理论应用于信任传递模型的构造，设计混合加权聚合算子对分布式网络中信任传递路径的长度和质量进行综合考量。Liu Yang 等（2017）用情感分析技术对在线评论的乐观、中立和负面评论进行区分，并与直觉模糊集相结合对商品进行打分，为消费者购买决策提供支持。

综上所述，直觉模糊集是在模糊理论基础上发展而来的，与模糊理论相比，直觉模糊集在隶属度基础上增添了犹豫度和非隶属度两个维度，适用于解决信息模糊不明确的决策问题，在电子商务研究领域也有一些应用。直觉模糊集能够表达感知的犹豫和不确定性，非常适合刻画消费者的感知信任。

四、聚类方法研究进展

由于社交网络规模庞大，且具有动态性、复杂性等特点，导致推荐信息的海量化特点凸显，对推荐信息进行聚类是解决这一问题的途径之一。国内外学者对聚类方法进行了大量的研究，常见的聚类方法包括启发式的 K-means 算法、K-中心点算法和神经网络算法等。但是，仅仅对信息进行聚类并不能反映社会化商务中人与人之间的信任关系，脱离了社会化商务背景。而复杂网络划分方法从网络结构入手对网络图划分聚簇，能够保存社交网络中的人际关系，更适用于社会化商务背景，谱平分方法是复杂网络划分的常用方法之一。

谱平分方法大多要求事先指定社团个数，且是否严重制约了聚类的准确性。Capocci 等（2005）在谱平分方法基础上提出了基于 Normal 矩阵的谱平分方法，通过计算矩阵的特征向量将网络中的节点划分为多个聚簇。该方法不用事先指定聚簇数目，对聚簇的划分更为客观、准确。其中，Normal 矩阵的构造是谱平分方法的研究重点。谢福鼎等（2009）针对社团结构不明显的复杂网络，用共享最近邻相似度改进相似度矩阵，在谱平分方法基础上提出了新的聚类算法。张燕平等（2010）将谱平分方法与 K-means 方法相结合，构建多社团发现方法。姜荣等（2010）将时间序列数据挖掘方法与谱平分方法相结合，计算时间序列的相似性生成 Normal 矩阵，提出了一种时间序列聚类方法。

谱平分方法能够从网络结构的视角进行聚簇划分，但在社会化商务中，消费者间口口相传是促使感知信任形成的前提，谱平分方法无法在网络结构划分的同时融入推荐信息。如何把主体的特质、推荐信息与主体间关系相融合以此来构建 Normal 矩阵是解决社会化商务中消费者感知信任聚类的关键问题。

五、国内外相关研究总结

信任是社会化商务研究的重点问题，国内外学者对社会化商务中消费者感知信任及交易决策机制进行了大量研究。社交媒体赋予社会化商务极强的交互性，在线口口相传是消费者建立感知信任的重要方式。消费者的主观感知信任具有极强的模糊性，直觉模糊集能够很好地刻画消费者感知信任的不确定性。信任传递起源于计算机网络安全研究领域，针对长路径稀疏网络中无差别主体间的信任传递问题形成了系统化的研究，并取得了丰硕的成果，但在社会化商务研究背景下，社交网络中主体的感知信任具有高度的主观性和模糊性，信任传递模式的变化导致传统信任传递模型无法直接应用于社会化商务背景下，具体体现在以下三个方面：

（一）信任传递模型研究框架

传统信任传递模型应用于稀疏网络，对所有路径进行传递和融合计算。然而，社交网络具有规模庞大和信息海量化的特点，原有信任传递的两阶段模型难以满足社交网络高动态性及实时性要求，因此信任传递模型研究框架急需拓展。

（二）信任传递计算方法

传统信任传递模型认为信任度随信任链增长而衰减，但在社会化商务中，影响力比较大的节点，如明星或权威人士在信任传递链中起到"放大器"的作用，信任传递不再服从随信任传递链增长而衰减的规律，因此在此规律上建立的信任传递计算方法显然不再适用于社会化商务背景下的研究。而主体从计算机节点到人的变化，带来感知信任主观性强、感知信任形成复杂性高等问题，推荐信任经过人脑的加工处理，受到复杂的因素影响，原有信任传递计算方法难以体现这样的复杂转化过程。

（三）信任融合计算方法

在传统信任传递模型中对多条信任传递链传递的推荐信任进行融合计算，不考虑推荐信任接收主体本身的经验，而在社会化商务中，消费者感知信任的构成比较复杂，除考虑他人推荐之外，还需要结合个体自身的相关经验。因此，社会化商务背景下传统信任融合方法需要改进。

因此，本书在相关研究基础上，对传统信任传递模型框架进行拓展，提出"先聚类，后融合"的思路，将直觉模糊集与多属性决策、谱平分方法和基于案例的决策等方法相结合，构建基于直觉模糊集的社会化商务中消费者感知信任传递模型。

第三节 主要研究思路

消费者在建立感知信任时，不可避免地会依赖于过去的经验，给信任融合计算带来新的挑战，而大规模高动态网络是信任传递计算面临的新问题。国内外学者进行了大量的研究，然而由于社会化商务中消费者感知信任的特殊性，消费者的感知信任传递模型仍存在以下问题难以解决。

感知推荐信任方面。消费者根据他人推荐建立感知信任是典型的信任传递问题，但与传统电子商务相比，社会化商务中消费者感知信任具有极强的模糊性和主观性，对传统的信任传递计算方法提出了新的挑战：

1）不同推荐者推荐的相同信息对消费者感知信任影响不同，表明推荐者的属性在信任传递过程中产生了重要影响。

2）不同消费者对同样的推荐信息建立的感知信任不同，表明消费者信任特质的重要作用。

3）信任传递链一般是短线程的，且感知信任可能由于推荐者属性不同产生增强或剧烈衰减的现象。

传统的信任传递模型难以刻画消费者感知信任的模糊性，且往往假定信任度随信任传递过程衰减，然而在社会化商务中，推荐者的属性等因素对消费者感知信任产生显著的影响，消费者的感知信任并不符合衰减的假设，因而传递信任模型难以直接应用于社会化商务背景。直觉模糊集方法能够刻画消费者感知信任的模糊性，但如何刻画消费者感知信任特质的差异性并将推荐者的属性融入其中，是感知推荐信任模型需要解决的难点问题。

海量推荐信息处理方面。在聚类方法上，对推荐信息进行聚类或划分网络聚簇可以简化大规模网络，能够满足社交网络规模大且动态性高的特点，但却面临着难以将网络结构信息与推荐信息融合的问题。消费者感知信任主观性强，个体差异化显著，进一步加深了问题的复杂性。在新兴社会化商务背景下，感知推荐信任的聚类既是社会化商务商家面临的新问题，也是社会化商务消费者感知信任研究的重要发展方向。对大量的用户生成内容进行聚类是解决这一问题的有效途径，但社会化商务的一系列特点对聚类方法提出了挑战：

1) 社会化商务的高交互特性。社交网络的人际关系显著影响消费者的感知信任，也是社会化商务中消费者感知信任的重要来源，以 K-means、K 中心和神经网络算法为代表的聚类方法只能对推荐信息进行聚类，却无法融入主体间关系亲密度，带来聚类难问题。

2) 社会化商务中消费者的个性化显著。消费者感知信任的形成具有很强的主观性，对同样的推荐信息，不同消费者可能会产生不同的感知信任，如何刻画消费者感知信任的主观性并将这种差异性体现在聚类方法里，是准确分析消费者感知信任并制定精准营销策略的难点问题。

3) 社交网络规模庞大，用户生成内容海量化。社交网络中每时每刻都有大量新生的用户生成内容出现，其实时性和动态性特点进一步加深了问题的复杂性。

多源信任融合方面。社会化商务中消费的感知信任具有多源性特征。感知信任主要来源于两个渠道：一是他人推荐；二是消费者个人过往的相似决策经验，即感知推荐信任和感知经验信任。对多个感知推荐信任进行聚类过程中，涉及消费者的行为因素，如从众行为等，导致多聚类聚合计算难问题。而感知经验信任本质上是一种由相似性引导的决策问题，过往信任传递模型对信任的融合计算不考虑主体的经验，但在社会化商务中，消费者将自己的经验与他人推荐相融合，具有鲜明的多源性特征，过往已有的信任传递模型并不能体现多源性特点。

一、研究内容

社会化商务中消费者根据他人推荐信息建立感知信任是一个典型的信任传递问题，因此，本书研究的问题本质是大规模网络中的信任传递模型研究。本书按照消费者形成感知信任的流程设计基于直觉模糊集的社会化商务消费者感知信任传递模型架构：

（1）消费者从社交网络上看到他人推荐信息并将其转化为个人主观性的感知推荐信任。

（2）对海量感知推荐信任进行聚类，简化复杂的信息。

（3）对不同类别感知推荐信任进行融合，并与源自过往经验的感知经验信任进行融合，最终形成感知信任综合值。

由此，构建消费者感知信任形成流程如图1.2所示。

本书按照上述流程对社会化商务中消费者感知信任进行研究，主要研究内容包括以下三个方面：

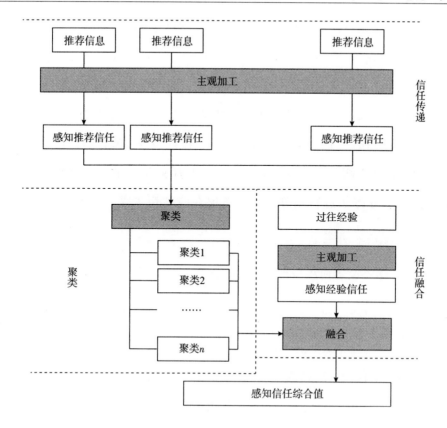

图 1.2　消费者感知信任形成流程

（一）信任传递过程中推荐信息到消费者感知推荐信任的转化

社交网络上的用户生成内容能够为消费者提供信息来源，降低风险感知。在消费者看到推荐信息并将其转化为感知推荐信任的过程中，人脑完成了主观转换过程。不同类型的消费者对同样的推荐信息感知不同，体现了消费者的主观特质。因此，在这部分研究内容中，本书对消费者感知推荐信任的影响因素进行分析，用直觉模糊集刻画消费者主观的感知，并考虑消费者主体特质结合多属性决策方法来构建消费者感知推荐信任模型。

（二）大规模社交网络中感知推荐信任的聚类

消费者将大量推荐信息转换成感知推荐信任，对感知推荐信任进行聚类。本书从复杂网络视角出发，将关系亲密度网络与感知推荐信任相似度网络复合，从社交网络中抽取出关系亲密度与相似度网络，并用基于 Normal矩阵的谱平分方法进行划分，从而考虑在线社交关系实现对感知信任的聚类。

（三）多个聚类间感知推荐信任的融合以及与感知经验信任的融合

1. 消费者感知经验信任的计算

消费者过往购物经验是其对新问题决策的依据，根据过往相似的购买经历形成的感知经验信任是一种由相似性引导的决策问题。本书将直觉模糊集与基于案例的决策理论相结合构建感知经验信任模型。

2. 多聚簇间感知推荐信任以及与感知经验信任的融合

消费者将多个感知推荐信任聚类进行融合，每个聚类中推荐者数量不等，而消费者的从众心理会导致推荐者数量较多的聚类对消费者影响比较大，因此本书融入从众心理对多个聚簇感知推荐信任的综合值进行计算，并结合锚定效应将感知推荐信任综合值域的感知经验信任融合，构建多源感知信任模型。

二、研究思路

第一章，绪论。提出问题，对相关国内外研究进行综述，对相关研究进展进行总结，并在此基础上明确本书的研究内容和研究思路。

第二章，社会化商务中消费者感知信任传递过程及问题分析。对社会化商务中消费者感知信任及传递过程的特点进行分析，对问题的复杂性进行分析，对难点问题进行归纳，并在此基础上分析本书要解决的关键科学问题及技术路线。

第三章，考虑主体特质的感知推荐信任直觉模糊集构建。对消费者感知推荐信任的关键影响因素进行总结，针对感知推荐信任的多维性特点，将多属性决策方法与直觉模糊集相结合，计算通过信任传递消费者建立的感知推荐信任直觉模糊集，为下一章感知推荐信任的聚类奠定方法基础。

第四章，基于谱平分方法的关系导向型感知推荐信任聚类方法研究。分析关系亲密度对感知推荐信任的影响，将关系亲密度与多个感知推荐信任直觉模糊集间的相似度进行复合，从社交网络中抽取关系亲密度与相似度网络，作为基于 Normal 矩阵的谱平分方法中 Normal 矩阵的生成方法，从而将聚类问题转化为复杂网络划分问题，同时考虑感知推荐信任和网络结构进行聚类，聚类结果作为下一章研究内容的前提。

第五章，考虑消费者经验的多源信任融合模糊模型。对多源信任融合的相关影响因素进行分析和总结，将直觉模糊集与基于案例的决策方法（CB-DT）相结合构建感知经验信任计算方法；融入多源信任的影响因素，对融合多个感知推荐信任聚类进行融合，再与感知经验信任进行融合，计算消费者感知信任的综合值。

第六章，案例分析。通过调研数据，对感知推荐信任模糊计算和信任融合模型进行验证。

第七章，结论与展望。对全书的研究工作进行总结，阐述全书的创新点，并对下一步研究工作进行展望。

本书篇章结构如图 1.3 所示。

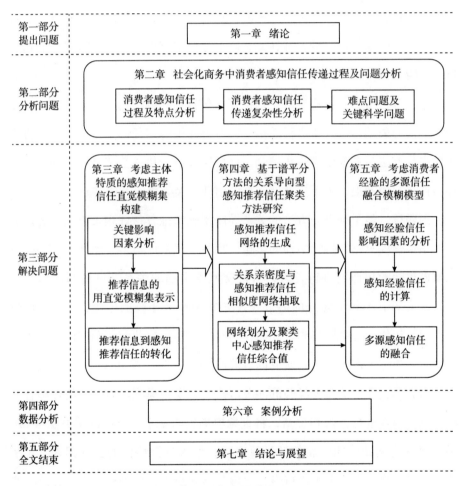

图 1.3　本书篇章结构

第二章　社会化商务中消费者感知信任传递过程及问题分析

第一节　社会化商务中消费者感知信任传递过程及复杂性分析

一、社会化商务中消费者感知信任传递过程

在电子商务的初级阶段，淘宝等交易平台存在中央控制机制并发展出商家信誉评价体系，消费者根据其他用户的购买评论和商家信誉建立感知信任。随着电子商务的发展，商家越来越多、刷评论现象普遍化以及信誉评价机制过于笼统等问题，导致信誉评价体系失效，客户评论对消费者感知信任影响越来越大，但随之出现的"刷评论"和"灌水"现象越来越多，导致传统电子商务面临着严重的信任危机。

随着社会化商务的发展，以及消费者对微信、微博等社交媒体使用习惯的不断深化，消费者在网购过程中渐渐习惯于借助社交网络中的用户生成内容来辅助交易决策。社交网络也为消费者建立感知信任提供了大量的判断信息，如推荐者的可信度、权威程度、主体间关系亲密度等，丰富了消费者建立感知信任的依据，但同时也导致消费者感知信任的形成过程更为复杂。

本书对信任演化的阶段进行划分，并从信任传递行为视角、信息处理视角及各阶段影响因素三个方面将信任演化过程划分为初始信任形成、信息到感知信任的转化、感知信任的强化、建立信任四个阶段，如图2.1所示。

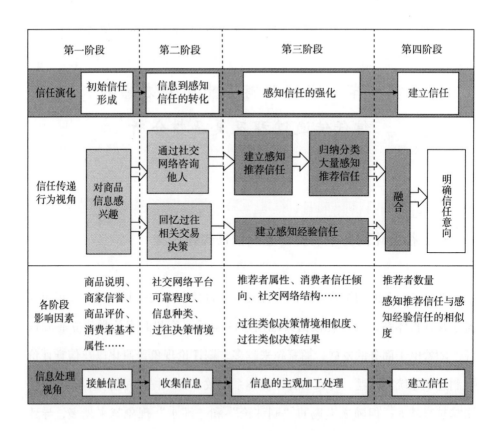

图2.1 社会化商务中信任演化过程分析

（一）初始信任形成

初始信任指消费者通过社交媒体首次接触到某个新的商品信息，并通过商品说明、商家信誉、商品评价等相关因素建立的感知初始信任，消费者的基本属性如性别、年龄等因素在初始信任的形成过程中起到控制变量的作用。

（二）信息到感知信任的转化

感知信任是消费者的一种主观感受，形成于个人心理状态基础上的一种因人而异的主观认知。通过初始信任形成的信息并不足以判断商品是否可信，消费者对商品半信半疑，继而通过社交网络收集信息，将客观海量的用户生成内容以及个人过往经验转化为主观的感知信任。在信息收集过程中，社交网络平台的可靠性、推荐信息的种类（如文字、图片和视频等）以及过往决策的情境的多样性，带来信息来源及信息类型的复杂性。

（三）感知信任的强化

消费者对收集到的信息进行主观加工处理，将客观信息转化为主观的感知信任，根据信息来源将该阶段分为以下两部分：

（1）将推荐信息转化为感知推荐信任。社交网络上的用户生成内容作为推荐信息是在线口口相传的载体，消费者根据他人推荐信息并结合个人特质形成差异化的主观感知推荐信任。其中，推荐者的属性（如推荐者的权威程度）和消费者的信任倾向等是感知推荐的重要影响因素。面对社交网络中海量的推荐信息，出于个人对过量信息厌恶性心理特点，消费者对大量的感知推荐信任进行归类整理，并结合主体间关系强度对主流意见类别和推荐者数量形成主观认知。

（2）根据过往交易决策建立感知经验信任。消费者根据过往相关的交易决策的经验和结果来推断商品的可信度称为感知经验信任，过往交易决策的结果以及与本次决策的情境是感知经验信任形成的关键影响因素。

在信任强化阶段，感知信任的多源性导致感知信任计算的复杂性，而推荐者属性、消费者信任倾向、过往类似交易决策的情境及结果等影响因素，使感知信任的强化阶段更为复杂。

（四）建立信任

消费者将感知推荐信任和感知经验信任两种来源的感知信任进行融合处理，并最终明确信任意向，形成对商品是否有信心的稳定清晰的信任。推荐者的数量会引发消费者的从众心理从而影响不同类型感知推荐信任的影响力，而感知推荐信任与感知经验信任之间如何平衡加深了信任融合的复杂性。

在信任演化的四个阶段中，第一阶段初始信任的形成是实证研究的经典问题。第二阶段从信息到感知信任的转化中涉及文本挖掘问题，属于计算机学科研究范畴。第三和第四阶段是感知信任的强化及建立信任阶段，消费者根据他人推荐建立信任是计算机学科的信任传递问题，但人脑以客观信息为输入、以主观的感知信任为输出又是一个系统科学问题。在社交网络背景下，这两个阶段涉及复杂的消费者心理和行为因素，使问题具有心理学和行为科学特色。过往决策情境的考量涉及决策理论，而海量信息聚类问题又是数据挖掘问题。因此，第三和第四阶段是计算机科学、心理学、管理学和数据挖掘相结合的管理科学与工程问题。作为管理科学与工程专业的研究者，本书主要针对信任演化过程中的第三和第四阶段进行研究。

二、消费者感知信任传递的复杂性分析

（一）感知信任的复杂性分析

信任传递过程按照消费者的行为可分为四个阶段，而感知信任的不同状态贯穿于信任形成的各个阶段。按照感知信任的信任程度可以将其分为五个不同状态，受到各种因素影响，感知信任能够在不同状态中相互转化，如图2.2所示。

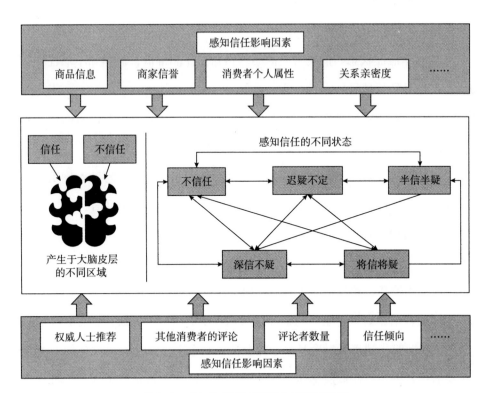

图 2.2　感知信任的不同状态及影响因素

消费者感知信任具有多维性特征：A. Dimoka 应用功能性磁共振成像方法（Functional Magnetic Resonance Imaging，FMRI），从脑科学的层面证明了在线拍卖背景下，消费者的信任与不信任感知产生于不同的大脑活动区域，从生理学和心理学层面，证明了信任与不信任感知属于两个不同的层次。计算机网络中往往用［0，1］表示主体信任度的变化区间，包括离散的（0 代表不信任，1 代表信任）或连续的，这两种表示方法都认为信任与不信任是此消彼长的。但脑科学研究结论表明，消费者在线交易过程中感知信任与感知不信任并不是此消彼长的，而是分别属于不同维度。由于在线交易的信息不对称问题，消费者的感知同时具有不确定性。因此，感知信任、感知不信任和感知不确定性三个维度的存在导致消费者感知信任具有多维性特点，并伴有复杂的状态变化：

（1）不信任状态。消费者对商品的感知信任非常低，而感知不信任比较高，此时消费者对商品处于不信任状态。

（2）迟疑不定。消费者对商品的感知不确定性比较高，难以判断商品是否可信。

（3）半信半疑。消费者对商品的感知信任和不信任以及感知不确定性都比较高，并且对商品的了解也非常有限，难以判断商品是否可信。

（4）将信将疑。消费者对商品的感知信任和感知不信任都比较高，感知不确定性比较低，此时，尽管消费者对商品信息比较了解，但是感知信任和不信任都比较高，致使消费者难以明确信任意向。

（5）深信不疑。消费者对商品的可信程度有明确的判断，具有较高的感知信任，此时，消费者对商品处于完全信任状态。

消费者感知信任按照感知信任、感知不信任和感知不确定性三个维度可划分为具有现实意义的不同状态，而在社会化商务背景下，消费者通过社交网络中他人推荐和个人过往交易决策经验建立主观的感知信任，众多因素（如商品信息、商家信誉、推荐者权威程度、推荐人数和其他消费者的评论等），对感知信任的建立有显著影响。

综上所述，社会化商务中消费者感知信任有三个维度，分别是感知信任、感知不信任和感知不确定性，与过往计算机网络中主体的信任有显著区别，对感知信任的表示和计算提出了新的挑战。而感知信任的五种状态贯穿于信任传递过程的各个阶段，并受到众多因素的影响在不同状态中转化。

（二）社会化商务背景下感知信任传递研究的复杂性分析

从消费者接触到新的商品信息到最终明确信任意向，经历了复杂的四个阶段信任传递过程，社交网络背景和人的主观性特点使社会化商务中消费者感知信任传递问题更为复杂，如图 2.3 所示。

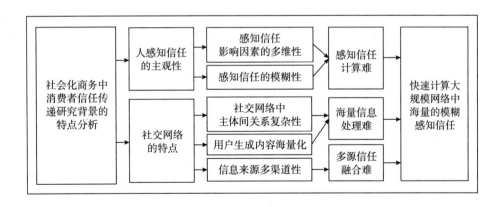

图 2.3　社会化商务背景下消费者感知信任传递研究的复杂性分析

1. 人感知信任的主观性

消费者感知信任受到推荐者属性和消费者自身特质等因素的影响，感知信任具有影响因素多维性特征，人感知信任同时具有模糊性特征，导致感知信任量化和计算难。

2. 社交网络的特点

社会化商务依托于社交网络，具有规模庞大、主体间关系错综复杂的特点，且社交网络中用户生成内容具有海量化特征，带来海量信息处理难问题。

3. 消费者感知信任的多源性

消费者根据他人推荐和个人经验判断商品是否可信，感知信任具有多源性特点，带来多源信任融合难问题。

由于社交网络具有高动态性特点，网络关系和用户生成内容实时更新，上述难点问题使快速计算大规模网络中海量的消费者模糊感知信任更加困难。

第二节　社会化商务中消费者感知信任传递模型研究思路的形成

一、相关研究方法的对比分析

对于社会化商务中消费者通过在线口口相传建立感知信任，国内外学者从定性和定量两个角度进行了大量的研究，相关研究包括定性的实证研究和定量的建模，模型又包含网络模型和数学模型。本书第一章对三类研究派别的相关成果进行了综述，在社会化商务背景下，三类派别的研究方法及优缺点对比分析如图 2.4 所示。

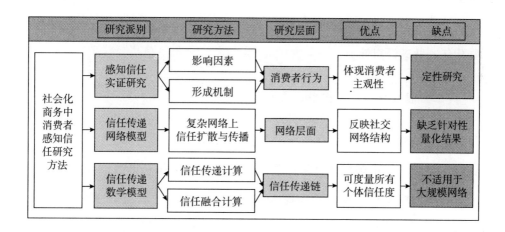

图 2.4　社会化商务中消费者感知信任研究方法及优缺点对比分析

（一）感知信任实证研究

信任是电子商务中最受关注的研究课题，国内外学者对消费者感知信任的影响因素和形成机制进行了大量的研究，从微观个体行为和心理层面对消费者主观的感知信任进行了深入剖析。但是，实证研究仅能得到定性的研究结论，如感知信任的关键影响因素和中介变量等，难以量化消费者感知信任，无法判断通过信任传递消费者最后是否认为商品可信。

（二）信任传递网络模型

这类模型从复杂网络视角对社交网络上信任的扩散与传播进行研究，通过设置主体的交互机制观测宏观网络层面上的涌现现象。这类模型能够反映社交网络的网络结构，但通常对主体的交互机制设置比较简单，难以全面地反映人的主观特性，并且难以量化推荐信息的接收者经过信任传递建立的感知信任，缺乏针对性。

（三）信任传递数学模型

这类模型通常包含信任链上的信任传递计算和多信任链上的信任融合计算两部分，从中观层面计算接收主体通过信任传递获得的信任度，多用于计算机网络安全领域，不考虑人的主观性。由于计算机网络的稀疏性，该模型多用于计算长信任链上的信任度，融合较少量信任链，在应用于大规模高密度社交网络中海量信息的处理时，存在计算量过大且计算速度慢的问题，难以实时计算高动态社交网络中消费者通过某次信息收集获得的感知信任。

二、研究视角及研究思路的形成

相关研究方法从宏观、中观和微观层面对信任传递进行了大量的研究，但仍然难以解决大规模、高动态社交网络信任传递问题，特别是信任传递过程中海量消费者模糊感知信任更难以计算。因此，本书将三种研究方法的优势互补，并结合直觉模糊集、多属性决策方法和基于案例的决策方法，构建基于直觉模糊集的社会化商务消费者感知信任传递模型，总体研究思路如图 2.5 所示。

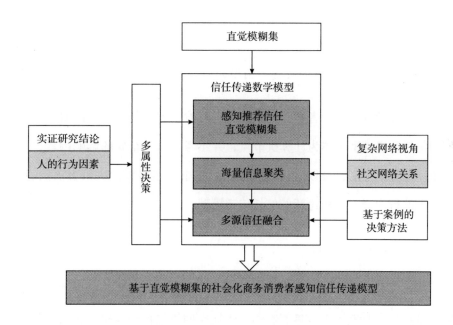

图 2.5 社会化商务中消费者感知信任传递模型的总体研究思路

（一）提出"先聚类，后融合"的研究思路

按照本书第一章对信任传递过程的分析在信任传递和融合计算中加入聚类，将信任传递数学模型扩展为"传递计算—聚类—融合计算"三个阶段。

（二）基于直觉模糊集构建模型

针对消费者感知信任模糊性和多维性特点，采用直觉模糊集分析客户消费者复杂的感知信任。直觉模糊集有三个维度，分别是模糊隶属度、模糊非隶属度和犹豫度，正好对应于感知信任、感知不信任和感知不确定性。因此，本书采用直觉模糊集表示消费者的感知信任，并在此基础上构建信任传递模糊模型。

（三）融入感知信任的关键影响因素

国内外学者对消费者感知信任的关键影响因素进行了大量的研究，而传统的信任传递模型主体为计算机节点，并不考虑这些重要的影响因素，从概率角度计算信任度，难以融入这些因素。本书借鉴多属性决策方法的思路，融入人的行为因素，构建新的信任传递模型。

（四）融入网络结构

消费者对海量推荐信息进行聚类时，与推荐者间的关系亲密度作为重要的衡量指标，对聚类产生显著影响。将社交网络结构融入聚类方法中，在考虑信息相似性的同时结合主体间关系，构建新的聚类方法。

（五）考虑决策情境

消费者在判断新商品是否可信时，需要结合过往决策经验，而交易决策是有情境的。本书基于案例的决策方法判断过往不同情境下的决策经验对新商品的影响，构建新的多源信任融合方法。

第三节　社会化商务中消费者感知
信任传递模型难点分析

一、社会化商务中消费者感知信任传递特点分析

本书从宏观、中观和微观三个层面对社会化商务中社交网络、信任传递链及消费者感知信任的特点进行具体分析。

（一）社交网络特点

社交网络为传统电子商务增添了社会关系维度，使在线交易更接近于现实社会中人们通过口口相传建立间接信任的过程。然而，与现实社会人与人之间口口相传相比，社会化商务中的信任传递问题具有以下特点：

1. 用户生成内容海量化

现实社会中人们往往只能获得有限的推荐信息作为参考，而在社会化商务中，消费者可以通过网络搜索、论坛发帖和求助朋友圈等方式获得大量的信息。

2. 在线社交网络规模庞大

美国市场研究机构 eMarketer 的调查报告显示，2017 年中国社交网络用

户数量达到了 6.62 亿人，主要的社交网络平台为微信和新浪微博，且用户对社会化商务的接受程度远高于世界平均水平，《毕马威 2018 年全球消费者洞察报告》显示，70%受访中国消费者指出，他们喜欢品牌或企业经常使用社交媒体直接与消费者沟通，而全球平均水平为 55%，中国社会化商务具有雄厚的用户基础。

（二）信任传递链的特点分析

信任传递模型常用于识别 P2P 等稀疏网络中的恶意节点，信任传递链长且稀疏。而在社会化商务中，信任传递链具有不同特点。

1. 短线程

社会化商务中信任传递链非常短。以新浪微博为例，接收者根据社交网络中的"邻居"发布一条用户生成内容建立感知信任，则路径长度仅为 1，如果邻居转发一条微博，则接收者通过转发微博跟踪到内容的发布者，路径长度仅为 2，信任传递链具有短线程特点。

2. 高密度

社交网络规模庞大且关系错综复杂，微信和 QQ 以熟人社交为主，其网络结构具有小世界特性，而新浪微博则在熟人社交的基础上增添了陌生人社交，使用户间关系更为紧密，社交网络具有高密度特性。并且，具有共同好友的群体往往有着共同的兴趣，特别是微信群、微博兴趣小组和 QQ 群中的成员，当消费者对某一商品感兴趣时，很容易接收到大量的推荐信息。因此，与计算机网络研究背景相比，社会化商务中信任传递链具有短线程高密度特点。

（三）消费者感知信任的特点分析

在社会化商务中，消费者通过他人的用户生成内容辅助判断商家是否可信，是一种典型的信任传递问题。与计算机安全领域中信任传递相比，消费者感知信任具有以下特点：

1. 依赖于直觉

感知信任具有强烈的主观性和模糊性，信任是一种主观感觉，对于同一条信息，不同消费者可能产生不同的感知信任，体现了人对信息的主观加工过程，而感知信任同样是一种模糊的感受，人们常常无法明确表述这种感觉。

2. 感知信任的多源性

消费者建立感知信任有两种来源：一是以他人推荐作为依据建立的感知推荐信任；二是根据过往类似经验建立的感知经验信任。感知信任的建立是将两种信任相互融合的结果。

3. 过量信息的厌恶性

社交媒体为消费者提供大量的信息，能够有效刺激消费者的购买行为。然而，根据信息过量理论，过多的信息容易导致负面效果和厌烦心理，消费者往往会主动降低信息量，对信息进行归类是人降低信息量的常用方式。

4. 感知信任的多维性

在电子商务研究领域，消费者对商家的感知包含信任与不信任两个维度，信任与不信任感知产生于不同的大脑活动区域，并不是一种情感的两端，二元表示方式难以刻画多维的感知信任。

5. 主体之间的差异性

信任传递的参与双方主体是人，推荐者的影响力和消费者本身的信任特质差异性导致信任传递的输出结果千差万别。例如，同一条推荐信息权威人士和非权威人士的推荐效果不同，而乐于相信他人和拒绝相信他人的接收者对同样的推荐信息反应差异也大不相同。

二、消费者感知信任传递问题的本质及规律

（一）问题的本质

综上所述，社会化商务中消费者感知信任传递特点从宏观网络层面看，具有用户生成内容海量化和网络规模庞大的特点；从中观信任传递链层面看，具有短线程和高密特点；从微观消费者感知信任层面看，消费者的感知信任具有模糊性、多源性、多维性和过量信息厌恶性特点。

通过上述特点分析，本书研究的问题本质为：大规模网络中短线程高密度传递链上感知信任模糊传递。

（二）消费者感知信任的传递规律分析

根据他人推荐建立感知信任始终是信任传递模型最核心的部分，计算机网络中信任传递具有随传递路径增长而不断衰减的传递规律，体现出不确定性随传递逐渐增加。然而，在社会化商务中，信任传递路径上的推荐者由于

自身属性的加持，可能起到"信号放大器"的作用，如明星效应及专家效果，也会由于推荐者的名声不好带来"信号噪声"。

因此，社会化商务中信任传递不再符合衰减规律。结合信任链短线程特点看，消费者信任传递过程主要是对推荐信息从客观到主观的转化过程，推荐者影响力和接收者属性对感知推荐信任的形成起到决定性作用。影响力大的推荐者能够降低推荐信任的不确定性，信任意向强的接收者能够强化推荐信任的意见倾向。

感知推荐信任可以用递推公式表示：

$$TR^i_{|L_i|-j} = f(TR^i_{|L_i|-j+1}, E^i_{|L_i|-j+1}, D^i_{|L_i|-j}),$$

$$j \in [1, |L_i|-1], i \in [1, n] \qquad (2.1)$$

式中，$TR^i_{|L_i|-j}$ 为接收者的感知推荐信任，$TR^i_{|L_i|-j+1}$ 为推荐者的推荐信任，$E^i_{|L_i|-j+1}$ 为推荐者的影响力，$D^i_{|L_i|-j}$ 为接收者信任特质。式（2.1）表示信任从传递链末端向前端一级一级传递的递推过程。

三、难点问题分析

感知信任模糊性、社交网络高动态性和感知信任的多源性等特点是社交网络中信任传递模型与传统信任传递模型的差异，导致传统信任传递模型难以直接应用于社会化商务背景。然而，社会化商务的主体是人，社交网络的可追溯性以及消费交易历史可查询性为社交网络中信任传递模型的构建提供了新的机遇，同时也带来了新的挑战，如图2.6所示。

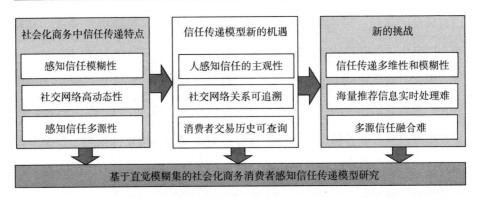

图2.6 社会化商务中信任传递模型面临的机遇和挑战

（一）社交网络规模庞大化和推荐信息海量化特点，导致信任传递实时处理难

在线社交网络规模庞大，用户数量巨大，用户生成内容的随时发布，关注或"取关"等行为带来了社交关系的变化，使社交网络具有较高动态性特征。但是，传统信任传递模型只考虑静态网络安全问题，不考虑实时性，对所有路径进行传递和融合计算无法应用于大规模社交网络。社会化商务背景下，信任传递模型框架急需扩展和重建。

（二）消费者感知信任的主观性、模糊性和多维性，导致感知推荐信任计算难

传统信任传递模型研究主体为计算机节点，对信任的刻画多为二元形式，信任与不信任此消彼长，难以刻画消费者感知信任多维性特点，且传统信任传递计算方法不考虑人的主观性和模糊性，带来消费者感知信任刻画难的问题。消费者将他人推荐信息转化为感知信任是一个客观信息到主观感受的转化过程，社会化商务中信任传递过程的复杂性，且转化过程涉及复杂的

心理因素，这种多维度、多因素、模糊的主观感知如何计算，是信任传递计算面临的难点问题。

（三）消费者感知信任多源性特征，导致信任融合难

传统信任传递模型只对多条网络路径进行融合，不考虑主体过往类似经验，难以满足社会化商务中感知信任多源性特点。过往经验与新问题的相似度是感知经验信任的决定性因素，而人的决策是有情境的，情境的复杂性导致相似性度量以及感知经验信任计算难。消费者根据大量推荐信息建立的感知推荐信任与自身的感知经验信任如何平衡，也是多源感知信任融合面临的难题。

第四节　拟解决的主要问题及技术路线

一、本书拟解决的核心问题

综上所述，本书按照社会化商务中消费者建立感知信任的行为流程，采用"先聚类，后融合"的思路对传统信任传递模型进行拓展，构建消费者感知信任传递模型的研究框架。模型分为"信任传递—聚类—信任融合"三个阶段，按照模型三个阶段的顺序，拟解决的主要问题如下：

（一）考虑消费者信任特质的感知推荐信任直觉模糊集的构建

消费者的感知信任是多维的、模糊的，推荐者影响力是多方面的，而消

费者信任特质是差异化的，客观推荐信息到主观感知推荐信任是一个复杂的转化过程。针对消费者感知信任多维性和模糊性特点，采用直觉模糊集三元组刻画消费者感知信任，用直觉模糊集的隶属度、非隶属度和犹豫度刻画消费者信任、不信任及不确定的多维感知；针对推荐者影响力的多属性特点，将直觉模糊集和多属性决策思路相结合而度量推荐者影响力，采用评价偏离度来度量消费者信任特质，按照上文中感知信任传递规律的分析，用推荐者影响力系数调节感知信任的不确定性，用消费者信任倾向系数强化隶属度和非隶属度的分配而构建感知推荐信任模糊计算方法。

（二）关系导向型感知推荐信任聚类方法

对感知推荐信任快速聚类是实时处理社交网络中海量推荐信任的关键问题，但聚类方法不能体现社交网络中的关系，而网络划分方法仅能体现网络结构却无法融入感知推荐信任。针对这一难题，计算感知推荐信任相似度作为网络关系强度，并从社交网络中抽取出关系亲密度网络，将两个网络复合并进行网络划分，从而把感知推荐信任聚类问题转化为复合网络划分问题。从复杂网络视角构建聚类方法，解决关系导向型感知推荐信任聚类难问题。

（三）考虑消费者经验的多源信任融合模糊模型

传统信任传递模型不考虑接收者过往经验，而社会化商务中消费者感知信任融合具有多源性特点，感知经验信任是消费者决策的重要依据。决策是有情境的，衡量过往经验对本次决策的影响是多源信任融合的难点问题之一。感知推荐信任的多个聚类对消费者感知信任影响力不同，带来感知推荐信任综合值计算难问题是多源信任融合的难点问题之二。消费者如何在感知推荐信任与感知经验信任之间取得平衡，是多源信任融合难点问题之三。本书对基于案例的决策方法（CBDT）进行拓展，并与直觉模糊集相结合，根据决策情境的相似性和过往决策结果来度量感知经验信任，并引入从众系数对多个感知推荐信任聚类进行融合。针对直觉模糊集对多个感知推荐信任叠加运算时非隶属度急剧下降问题，借鉴主观逻辑方法进行改进，引入锚定理论对感知推荐信任和感知经验信任进行融合，从而构建感知信任融合模型。

二、技术路线

综上所述，本书以直觉模糊集为基础，采用"先聚类，后融合"的思路，按照拓展后的信任传递三阶段模型框架来构建社会化商务背景下消费者感知信任模糊传递模型，其技术路线如图 2.7 所示。

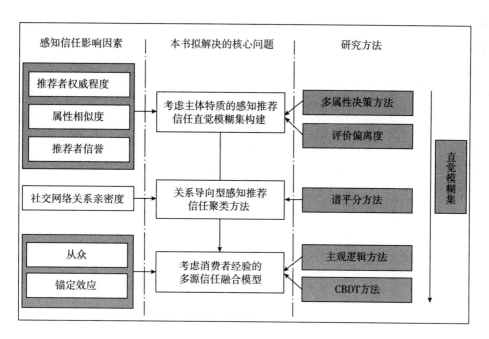

图 2.7　社会化商务中消费者感知信任模糊传递模型的技术路线

第五节　本章小结

　　本章对社会化商务中信任传递过程进行分析，对消费者感知信任传递的特点和难点问题进行阐述，对研究的问题和关键问题进行界定，对消费者建立感知信任行为和信任传递规律进行分析，在此基础上提出本书的模型架构。对本书研究的关键科学问题进行总结和提炼，并据此制定技术路线。

第三章　考虑主体特质的感知
推荐信任直觉模糊集构建

　　消费者通过社交媒体接收推荐信息并进行主观加工，将推荐信息转化为感知推荐信任是一个信任传递过程。在这一过程中，消费者对不同的推荐者提供相同的推荐信息建立的感知信任不同，这体现了推荐者属性对感知推荐信任的影响力；而不同的消费者对同一条推荐信息建立的感知推荐信任也可能存在差别，这体现了个人信任特质对感知推荐信任的重要影响。

　　信任形成于大脑皮层的不同区域，信任和不信任属于不同纬度，感知信任受多种因素影响，因此，消费者感知推荐信任具有多维度和多属性特点。本书采用直觉模糊集刻画消费者的感知信任，并与多属性决策方法相结合，将推荐信息转化为消费者主观和差异化的感知推荐信任。本章首先对感知推荐信任的关键影响因素进行分析，用直觉模糊集刻画推荐信息中蕴含的信任信息，结合多属性决策方法计算推荐者属性的影响力系数，并用推荐者影响力系数和消费者个人信任特质对推荐信息直觉模糊集的三个维度进行重新分配，从而将推荐信息转化为感知推荐信任。

第一节 感知推荐信任的关键影响因素分析

在信任传递过程中，消费者接收推荐者的推荐信息建立感知推荐信任，推荐者和接收者两方主体的属性对感知推荐信任的建立起到重要的影响。国内外学者对感知推荐信任的关键影响因素进行了大量研究，证明推荐者的权威程度和信誉，推荐者与消费者之间的相似度，以及信息接收方消费者的信任倾向对感知推荐信任的建立具有较大影响力。

一、推荐者的权威程度

社交网络中的权威人士（如微博平台上的大 V 或专业人士）具有信任代理和信任转发的功能，其发布的信息对消费者感知信任具有显著影响，能够降低消费者的感知风险，在信任传递中起到了重要作用。特别是在购买技术含量高的商品时，消费者更倾向于依赖专家的意见。权威人士的专业性、产品涉入和交互性对接收其推荐的消费者感知信任有直接影响，并显著影响消费者的购买意愿。

二、推荐者的信誉

信誉是多个主体对一个主体的评价，是主体长期以来与他人交互中累积的可信度，是感知信任的重要来源。社会化商务中的信息不对称问题带来较高的感知风险，推荐者的信誉作为比较客观的评价指标，能够显著降低感知风险，信誉较高的用户发布的用户生成内容具有较高的可信度和影响力。社会化商务中主体间社会互动更频繁和复杂，推荐者的信誉能够提高其推荐信息的关注度，是感知信任的重要影响因素。

三、消费者与推荐者之间的相似度

在线网络中消费者的属性相似度是感知信任的关键影响因素，实验证明，用属性相似度能够较为准确地预测 FilmTrust 网站上的信任关系，而用户的相似度与感知信任之间显著相关，主体间相似性是感知信任产生的根源，是消费者在口口相传过程中更容易相信朋友推荐的根本原因，相似性也是构建基于信任的推荐系统考虑的关键因素，同时，社交网络中主体间的相似度能够诱发信任，采用相似度可以取代主体间关系亲密度来解决网络的冷启动问题。

四、消费者的信任倾向

消费者根据社交网络中的推荐信息形成主观感知信任是个复杂的心理过程，对于同一个推荐信息，不同的消费者往往会产生不同的感知信任，这是由消费者本身的信任倾向决定的，是消费者本质上的差别。与传统电子商务相比，社会化商务中消费者获得的信息会更全面，感知信任的影响因素比传统电子商务中更复杂，因而具有强烈的主观性和差异性特点。导致感知信任差异化的根本原因是主体本身所特有的信任倾向。信任倾向的形成往往由主体过往的经验、性格等因素决定，是主体独有的个人特质。这种个人特质可以用信任倾向（Trust Disposition）和不信任倾向（Distrust Disposition）两个维度刻画：具有高信任倾向的人倾向于相信他人和事物，而具有高不信任倾向的人则相反，两种倾向能够显著降低主体感知信任的不确定性。

综上所述，在信任传递过程中，消费者根据他人推荐信息形成感知推荐信任。感知推荐信任的关键影响因素包括推荐者的权威程度、推荐者信誉和消费者与推荐者之间的相似度，这些因素导致不同推荐者推送同样的推荐信息对消费者影响力不同，而消费者本身信任特质的差异则导致不同消费者对同样的推荐信息产生的感知推荐信任不同。

因此，本章首先以感知推荐信任的三个关键影响因素（推荐者的权威程度、推荐者信誉和消费者与推荐者之间的相似度）作为决策的属性，以直觉模糊多属性决策方法为基础计算推荐者对消费者的影响力系数；其次用评价偏离度来度量消费者的信任倾向系数；最后用影响力系数和信任倾向系数对推荐信息直觉模糊集进行调整，从而将推荐信息转化为感知推荐信任。

第二节 感知推荐信任直觉模糊集的原理

消费者的感知信任具有模糊性和不确定性特点，这是以人为主体的社交网络与以计算机节点为主体的计算机网络之间最本质的区别。直觉模糊集在模糊理论的"隶属度"与"非隶属度"基础上增加了"犹豫度"维度，能够体现人感知的模糊性，且更好地体现了感知信任不确定性的特点。设消费者的感知信任用直觉模糊集 $A = \langle \mu, \nu \rangle$ 表示，其中，模糊隶属度 $\mu \in [0, 1]$，模糊非隶属度 $\nu \in [0, 1]$，且有 $\mu + \nu \in [0, 1]$，犹豫度 $\pi = 1 - \mu - \nu$。

文中用到的直觉模糊集运算基本规则有：

（1）直觉模糊集的数乘运算：

$$\lambda A = <1-(1-\mu)^{\lambda}, \ \nu^{\lambda}> \tag{3.1}$$

（2）直觉模糊集的加法运算：

两个直觉模糊集 $A = <\mu, \ \nu>$ 与 $B = <\mu', \ \nu'>$ 的加法运算：

$$A+B = <\mu+\mu'-\mu \cdot \mu', \ \nu \cdot \nu'> \tag{3.2}$$

第三节　消费者感知推荐信任直觉模糊集的转化

在社交网络中的用户生成内容是消费者建立感知信任的重要依据，而推荐者的属性决定了推荐信息的影响力。本书将直觉模糊集与多属性决策方法相结合计算推荐者的属性影响力，并用影响力系数对推荐信息中的三个维度进行重新分配形成新的直觉模糊集，从而将客观的推荐信息转化为消费者主观的感知信任。

一、推荐信息及感知推荐信任关键影响因素的表示

假设消费者通过社交网络寻找某件商品 X 的相关用户生成内容，查询到 n 位推荐者的推荐信息，设推荐信息集合为 $R = \{r_1, \ r_2, \ \cdots, \ r_n\}$。这些推荐信息是推荐者对事物是否可信的一种判断，用直觉模糊集表示。

设推荐者提供的推荐信息 r_i 为直觉模糊集，$r_i = <\mu_i, \ \nu_i>$，$i = 1, \ 2, \ \cdots,$ n。其中，信任的模糊隶属度 $\mu_i \in [0, \ 1]$，模糊非隶属度 $\nu_i \in [0, \ 1]$，且有

$\mu_i+\nu_i \in [0, 1]$，犹豫度 $\pi_i=1-\mu_i-\nu_i$。例如 $r_3=<\mu_3$，$\nu_3>=<0.5$，$0.2>$表示第 3 个推荐者认为 X 的可信的隶属度为 0.5，非隶属度为 0.2，犹豫度为 $1-0.5-0.2=0.3$。

推荐者属性是消费者感知信任的重要影响因素，不同推荐者提供的相同推荐信息往往具有不同的影响力。设消费者对推荐者影响力属性感知的集合为 $D=\{SR$，AU，$RE\}$，其中，SR 表示推荐者与决策主体之间属性的感知相似度，AU 表示对推荐者的感知权威程度，RE 表示对推荐者的感知信誉，属性的权重向量为 $\omega=(\omega_1$，ω_2，$\omega_3)^T$，其中，ω_1，ω_2，$\omega_3 \in [0, 1]$ 且 $\omega_1+\omega_2+\omega_3=1$。

设消费者对 n 位推荐者属性影响力感知的直觉模糊集矩阵为 $O=(o_{ji})_{3\times n}=(<\sigma_{ji}$，$\eta_{ji}>)_{3\times n}$，$j=1$，2，3。其中，$o_{ji}$ 是直觉模糊集矩阵 O 中 j 行 i 列的元素，表示第 i 个推荐者的第 j 个影响力属性，σ_{ji} 是对应的模糊隶属度，η_{ji} 是模糊非隶属度，σ_{ji}，$\eta_{ji} \in [0, 1]$ 且 $\sigma_{ji}+\eta_{ji} \in [0, 1]$。如 o_{32} 表示第 2 个推荐者的第 3 个影响力因素，即是消费者对第 2 个推荐者的感知信誉直觉模糊集。

二、推荐者影响力系数的计算

设 ε 为加权集结算子，对推荐者属性直觉模糊集的 3 个因素进行集结。设推荐者属性综合矩阵为 $E=\{e_1$，e_2，$\cdots$，$e_n\}$，则：

$$e_i=< \theta_i，\delta_i >=\varepsilon(o_{1i}，o_{2i}，o_{3i})=\sum_{j=1}^{3}\omega_j o_{ji}=\left\langle 1-\prod_{j=1}^{3}(1-\sigma_{ji})^{\omega_j}，\prod_{j=1}^{3}\eta_{ji}^{\omega_j}\right\rangle$$

$$(3.3)$$

式中，θ_i 是综合矩阵中元素 e_i 的模糊隶属度，δ_i 是模糊非隶属度，θ_i，

$\delta_i \in [0, 1]$ 且 $\theta_i + \delta_i \in [0, 1]$。

计算推荐者属性综合矩阵 E 的得分值矩阵 $\varphi = \{\varphi(e_i)\}$，得分值体现了推荐者属性综合直觉模糊集的确定性：

$$\varphi(e_i) = \theta_i - \delta_i \tag{3.4}$$

$\varphi(e_i)$ 值越大表示直觉模糊集的确定性越强。根据得分值 $\varphi(e_i)$ 对所有推荐者的影响力直觉模糊集进行不增排序，设第 k 个得分值最大的影响力直觉模糊集为 $g_k = <\alpha_k, \beta_k>$，$k = 1, 2, \cdots, n$，则集合 $G = \{g_1, g_2, \cdots, g_n\}$ 与 $E = \{e_1, e_2, \cdots, e_n\}$ 中的元素存在一一映射关系：$g_k = e_h$，$g_k \in G$，且 $e_h \in E$。

按照不增排序对推荐者进行排序，并按次序确定推荐者的权重。设推荐者的位置权重集合为 $w = (w_1, w_2, \cdots, w_n)^T$，$0 \leq w_k \leq 1$，且 $\sum_{k=1}^{n} w_k = 1$。基于长尾理论对各权重赋值，权值按排序递减且值域为 $(0, 1)$，对所有推荐者的权重归一化为：

$$w_k = \frac{\ln(1 + 1/k)}{\sum_{k=1}^{n} \ln(1 + 1/k)} \tag{3.5}$$

则排序后的推荐者属性加权直觉模糊集为：

$$g'_k = <\alpha'_k, \beta'_k> = nw_k g_k = <1 - (1 - \alpha_k)^{nw_k}, \beta_k^{nw_k}> \tag{3.6}$$

则有 g'_k 与 e_h 一一对应。用 g'_k 更新 e_h 的取值，生成推荐者属性加权直觉模糊集集合 $E' = \{e'_1, e'_2, \cdots, e'_n\}$，其中，$e'_h = <\theta'_h, \delta'_h> = <\alpha'_k, \beta'_k>$。

计算影响力系数 $\varphi(e'_h)$：

$$\varphi'(e'_h) = \theta'_h - \delta'_h \tag{3.7}$$

影响力系数 $\varphi(e'_h)$ 为 e'_h 的得分值，表示 e'_h 的确定性程度。$\varphi' = \{\varphi'(e'_h)\}$ 为影响力系数矩阵，表示推荐者影响力属性加权直觉模糊集集合中各元素的得分值集合，$\varphi(e'_h)$ 值越大表示对应的推荐者影响力越大。

三、推荐信息到感知推荐信任的转化

以推荐者影响力系数 $\varphi(e'_h)$ 和信任倾向系数 λ 为调节变量对推荐信息直觉模糊集的犹豫度进行重新分配，从而将推荐信息 R 转化为不考虑主体信任倾向差异性的消费者感知推荐信任 $\overline{TR_i}$：

$$\overline{TR_i} = <\mu'_i,\ \nu'_i> = \left\langle \left(1+\frac{\varphi(e'_h)}{\mu_i+\nu_i}\right)\mu_i,\ \left(1+\frac{\varphi(e'_h)}{\mu_i+\nu_i}\right)\nu_i \right\rangle \qquad (3.8)$$

对应的不确定性 π'_i 为：

$$\pi'_i = (1-\varphi(e'_h))\pi_i \qquad (3.9)$$

影响力系数 $\varphi(e'_h)$ 将推荐信息的不确定性按照比例分配给隶属度与非隶属度，而信任倾向系数 λ 推荐者属性影响力的确定性越强对推荐信息直觉模糊集调整程度越大，确定性较弱的对推荐信息直觉模糊集调整程度越小。如果推荐者属性影响力的隶属度较高，即：①感知推荐信任 TR_i 的隶属度较高时，隶属度增长比非隶属度高，感知推荐信任较原推荐信息来说更偏向隶属度，且确定性比推荐信息更高；②感知推荐信任 TR_i 的非隶属度较高时，非隶属度增长比隶属度高，感知推荐信任较原推荐信息来说更偏向非隶属度，且确定性比推荐信息更高。推荐者影响力属性通过得分值对原直觉模糊集的隶属度非隶属度进行调节，使推荐者影响力属性融入感知推荐信任中，同时体现了推荐者影响力对推荐信息的强化效果。

不同的人有不同的信任倾向，设消费者的感知信任倾向系数为 λ：当 $\lambda \in (-1,\ 1)$ 时，表示消费者本身的信任意向特质；当 $\lambda \in (0,\ 1)$ 时，表示消费者较为乐观，具有一定的信任倾向；当 $\lambda \in (-1,\ 0)$ 时，表示消费者比较消极，具有一定的不信任倾向；当 $\lambda=0$ 时，表示消费者没有特殊的信任倾向。考虑主体信任倾向差异性的消费者感知推荐信任 TR_i 为：

$$TR_i = \langle \mu_i'', v_i'' \rangle = \begin{cases} \langle (1-\lambda)\mu_i'+\lambda, \ (1-\lambda)v_i' \rangle, & \lambda \in (0, 1) \\ \langle \mu_i', v_i' \rangle, & \lambda = 0 \\ \langle (1+\lambda)\mu_i', \ (1+\lambda)v_i'-\lambda \rangle, & \lambda \in (-1, 0) \end{cases} \quad (3.10)$$

对应的不确定性 π_i'' 为：

$$\pi_i'' = \begin{cases} (1-\lambda)\pi_i', & \lambda \in (0, 1) \\ \pi_i', & \lambda = 0 \\ (1+\lambda)\pi_i', & \lambda \in (-1, 0) \end{cases} \quad (3.11)$$

感知信任倾向系数 λ 将 $\overline{TR_i}$ 的隶属度、非隶属度及犹豫度进行重新分配：当 $\lambda \in (0, 1)$ 时，消费者具有信任倾向，将非隶属度和犹豫度的一部分增加至隶属度上；当 $\lambda \in (-1, 0)$ 时，消费者具有不信任倾向，将隶属度和不确定性的一部分增加至非隶属度上。

感知信任倾向系数 λ 的取值可以根据消费者过往交易记录中的评价偏离度来确定。以淘宝为例，淘宝购物群体非常广泛，很多消费者在淘宝上有大量的交易记录和评价打分，设消费者在淘宝上有 r 次交易记录，第 t 次交易的评价值为 p_t，第 t 次交易购买的商品的客户总评价值的均值为 $\overline{p_t}$，则消费者感知信任倾向系数 λ 为：

$$\lambda = \frac{1}{r} \sum_{t=1}^{r} \frac{p_t - \overline{p_t}}{\overline{p_t}} \quad (3.12)$$

当消费者过往多次交易记录中给出的评价常常高于平均评价值时，表示消费者具有信任倾向，$\lambda \in (0, 1)$，而消费者的评价常常低于平均评价值时，表示消费者具有不信任倾向，$\lambda \in (-1, 0)$。以过往多次交易记录的评价偏离度来计算消费者的信任倾向系数，能够较为客观地反映消费者的主观倾向性。

第四节 算例分析

按照本书构建的模型流程，通过本章内容进行算例分析。

一、实验流程

（1）按照式（3.3）计算推荐者影响力矩阵。

（2）按照式（3.4）计算 E 的得分值矩阵 $\varphi = \{\varphi(e_i)\}$，并根据得分值高低对推荐者影响力矩阵重新排序，生成不增排序集合 $G = \{g_1, g_2, \cdots, g_n\}$。

（3）按照式（3.5）对所有推荐者的权重进行归一化处理，计算各推荐者的权重向量。

（4）按照式（3.6）计算排序后的推荐者属性加权直觉模糊集 G'。

（5）按照式（3.7）计算 E' 的得分值集合 $\varphi' = \varphi(e'_h)$，更新矩阵 E 生成推荐者属性影响力加权直觉模糊集集合 E'，即推荐者的影响力系数。

（6）按照式（3.8）和式（3.9）计算不考虑主体信任倾向差异性的消费者感知推荐信任 $\overline{TR_i}$。

（7）按照式（3.10）计算考虑主体信任倾向差异性的消费者感知推荐信任 TR_i。

二、感知推荐信任实验数据对比分析

假设一位消费者网购某商品，通过社交网络收集他人提供的推荐信息，设共收集到4位推荐者提供的推荐信息，消费者对推荐者的影响力属性直觉模糊集及权重向量如下：

推荐者影响力属性的直觉模糊集矩阵为：

$$O = \begin{cases} <0.7,\ 0.1><0.4,\ 0.3><0.4,\ 0.2> \\ <0.2,\ 0.6><0.5,\ 0.2><0.8,\ 0.1> \\ <0.6,\ 0.1><0.6,\ 0.2><0.7,\ 0.1> \\ <0.3,\ 0.2><0.4,\ 0.3><0.4,\ 0.3> \end{cases}$$

影响力属性的权重向量为：$\omega = (0.4,\ 0.3,\ 0.3)^T$。根据实验流程（1）～流程（5），计算推荐者的影响力系数：

（1）推荐者属性综合矩阵为：

$E = \{<0.545,\ 0.171>,\ <0.542,\ 0.252>,\ <0.633,\ 0.123>,$

$<0.362,\ 0.255>\}$；

（2）推荐者属性综合矩阵得分值为：$\varphi(e) = \{0.374,\ 0.290,\ 0.510,$

$0.107\}$，不增排序集合 $G = \{g_1,\ g_2,\ g_3,\ g_4\} = \{e_3,\ e_1,\ e_2,\ e_4\}$；

（3）归一化后的推荐者权重向量为：$w = (0.431,\ 0.252,\ 0.179,$

$0.139)^T$；

（4）排序后的推荐者属性加权直觉模糊集为：

$G' = \{<0.822,\ 0.027>,\ <0.548,\ 0.169>,\ <0.427,\ 0.373>,$

$<0.220,\ 0.469>\}$；

（5）推荐者影响力加权直觉模糊集集合为：

$E' = \{<0.548, 0.169>, <0.427, 0.373>, <0.822, 0.027>, <0.220, 0.469>\}$，得分值集合即推荐者影响力系数集合 $\varphi' = \{0.379, 0.054, 0.795, -0.248\}$。

对消费者的信任倾向 λ 分别取值 0.1、0.2、−0.1 和 −0.2，下面以 4 位推荐者共 6 组推荐信息的数据按照上述流程进行计算，计算结果汇集如表 3.1 所示。

表 3.1   感知推荐信任计算方法的算例分析

	R	$\overline{TR}$	λ	TR
1	$\{<0.7, 0.2>,$ $<0.8, 0.1>,$ $<05, 0.3>,$ $<0.4, 0.2>\}$	$\{<0.729, 0.208>,$ $<0.805, 0.101>,$ $<0.599, 0.360>,$ $<0.334, 0.167>\}$	$\lambda = 0.1$	$\{<0.757, 0.188>, <0.824, 0.091>,$ $<0.639, 0.324>, <0.400, 0.150>\}$
			$\lambda = 0.2$	$\{<0.784, 0.167>, <0.844, 0.080>,$ $<0.680, 0.288>, <0.467, 0.134>\}$
			$\lambda = -0.1$	$\{<0.657, 0.288>, <0.724, 0.191>,$ $<0.539, 0.424>, <0.300, 0.250>\}$
			$\lambda = -0.2$	$\{<0.584, 0.367>, <0.644, 0.280>,$ $<0.480, 0.488>, <0.267, 0.334>\}$
2	$\{<0.2, 0.7>,$ $<0.1, 0.8>,$ $<0.3, 0.5>,$ $<0.2, 0.4>\}$	$\{<0.208, 0.729>,$ $<0.101, 0.805>,$ $<0.360, 0.599>,$ $<0.167, 0.334>\}$	$\lambda = 0.1$	$\{<0.288, 0.657>, <0.191, 0.724>,$ $<0.424, 0.593>, <0.250, 0.300>\}$
			$\lambda = 0.2$	$\{<0.367, 0.524>, <0.280, 0.644>,$ $<0.488, 0.480>, <0.334, 0.267>\}$
			$\lambda = -0.1$	$\{<0.188, 0.757>, <0.091, 0.824>,$ $<0.324, 0.639>, <0.150, 0.400>\}$
			$\lambda = -0.2$	$\{<0.167, 0.784>, <0.080, 0.844>,$ $<0.288, 0.680>, <0.134, 0.467>\}$

续表

	R	$\overline{TR}$	λ	TR
3	{<0.7, 0.2>, <0.8, 0.1>, <0.1, 0.8>, <0.2, 0.7>}	{<0.729, 0.210>, <0.805, 0.101>, <0.109, 0.871>, <0.194, 0.681>}	$\lambda = 0.1$	{<0.757, 0.188>, <0.824, 0.091>, <0.198, 0.784>, <0.275, 0.613>}
			$\lambda = 0.2$	{<0.784, 0.167>, <0.844, 0.080>, <0.287, 0.697>, <0.356, 0.545>}
			$\lambda = -0.1$	{<0.657, 0.288>, <0.724, 0.191>, <0.098, 0.884>, <0.175, 0.713>}
			$\lambda = -0.2$	{<0.584, 0.367>, <0.644, 0.280>, <0.087, 0.897>, <0.156, 0.745>}
4	{<0.7, 0.2>, <0.1, 0.8>, <0.8, 0.1>, <0.2, 0.7>}	{<0.729, 0.210>, <0.101, 0.805>, <0.871, 0.109>, <0.194, 0.681>}	$\lambda = 0.1$	{<0.757, 0.188>, <0.191, 0.724>, <0.884, 0.098>, <0.275, 0.613>}
			$\lambda = 0.2$	{<0.784, 0.167>, <0.280, 0.644>, <0.897, 0.087>, <0.356, 0.545>}
			$\lambda = -0.1$	{<0.657, 0.288>, <0.091, 0.824>, <0.784, 0.198>, <0.175, 0.713>}
			$\lambda = -0.2$	{<0.584, 0.367>, <0.080, 0.844>, <0.697, 0.287>, <0.156, 0.745>}
5	{<0, 0>, <0, 0>, <0.8, 0.1>, <0, 0>}	<0.845, 0.105>	$\lambda = 0.1$	<0.861, 0.095>
			$\lambda = 0.2$	<0.876, 0.084>
			$\lambda = -0.1$	<0.761, 0.195>
			$\lambda = -0.2$	<0.676, 0.284>
6	{<0, 0>, <0, 0>, <0, 0>, <0.8, 0.1>}	<0.809, 0.101>	$\lambda = 0.1$	<0.828, 0.091>
			$\lambda = 0.2$	<0.847, 0.081>
			$\lambda = -0.1$	<0.728, 0.291>
			$\lambda = -0.2$	<0.647, 0.281>

三、实验结果分析

（一）不考虑主体信任倾向差异性的消费者感知推荐信任计算结果分析

在第一组实验数据中，4 位推荐者给出的推荐信息直觉模糊集集合为：$R = \{<0.7, 0.2>, <0.8, 0.1>, <0.5, 0.3>, <0.4, 0.2>\}$，不考虑主体信任倾向差异性的消费者感知推荐信任直觉模糊集集合为：$\overline{TR} = \{<0.729, 0.208>, <0.805, 0.101>, <0.599, 0.360>, <0.334, 0.167>\}$。

比较 $\overline{TR}$ 与推荐信息直觉模糊集集合 R_4，可以看出 $\overline{TR_1}$ 和 $\overline{TR_3}$ 的隶属度与非隶属度值明显高于 R_1 和 R_3，$\overline{TR_2}$ 的隶属度与非隶属度比 R_2 略高一点，而 $\overline{TR_4}$ 的隶属度与非隶属度则低于 R_4，原因是第一位和第三位推荐者的影响力系数较大，而第四位推荐者的影响力呈负值，$\overline{TR}$ 的变化与推荐者属性影响力矩阵 E 和得分值集合 φ' 的变化相同，体现了推荐者属性对消费者建立感知信任的影响。

第二组实验数据是将第一组实验数据 R 全部元素的隶属度与非隶属度调换，即形成一组与第一组实验相对应的不信任意向的推荐信息。感知推荐信任的计算结果 $\overline{TR}$ 中元素的隶属度与非隶属度也与第一组实验数据相反，消费者的感知推荐信任非隶属度较高，呈现出较高的不信任意向。

第三组实验数据保留了第一组实验数据的前两个推荐信息，并将这两个推荐信息的隶属度与非隶属度调换作为第四和第三个推荐者的推荐信息，即 $R = \{<0.7, 0.2>, <0.8, 0.1>, <0.1, 0.8>, <0.2, 0.7>\}$，则四个推荐信息两个持信任意向，两个持不信任意向，如不考虑推荐者属性，是一组信任意向模糊的实验数据。计算结果为 $\overline{TR} = \{<0.729,\ 0.210>,\ <0.805,$ $0.101>,\ <0.109,\ 0.871>,\ <0.194,\ 0.681>\}$，消费者感知推荐信任中非隶属度较高。可以看出，由于第三位推荐者的影响力较大，推荐信息的非隶属度 0.8 变为感知推荐信任中的非隶属度 0.871，有大幅增长，体现了推荐者影响力对推荐信息的强化作用。

第四组数据将第三组数据中第二和第三位推荐者的推荐信息直觉模糊集调换，即 $R = \{<0.7,\ 0.2>,\ <0.1,\ 0.8>,\ <0.8,\ 0.1>,\ <0.2,\ 0.7>\}$，也是一组整体呈信任意向不明确的推荐信息，计算结果不考虑推荐者属性时，四个推荐信息仍然是一组意向模糊的实验数据。计算结果为 $\overline{TR} = \{<0.729,$ $0.210>,\ <0.101,\ 0.805>,\ <0.871,\ 0.109>,\ <0.194,\ 0.681>\}$，与第三组相反，由于第三和第一位推荐者的影响力比较强，感知推荐信任呈现出较高的信任意向。

第五和第六组数据是网络中只有一位推荐者的情况，分别以影响力最大和最小的两个推荐者为例，即第三和第四位。假设这位推荐者的推荐信息为 $<0.8,\ 0.1>$，则根据第三位推荐者的推荐信息，消费者的感知信任为 $T(R) = <0.845,\ 0.105>$，而如果由第四位推荐者推荐，消费者的感知信任为 $T(R) = <0.809,\ 0.101>$。

计算结果表明，推荐者的影响力属性能够扩大推荐信息的意向，且影响力越大的推荐者对感知推荐信任的影响越大。

（二）信任倾向对考虑主体信任倾向差异性的消费者感知推荐信任的影响

为了考察消费者信任倾向系数对感知推荐信任的影响，本书以 λ 分别取值 0.1、0.2、-0.1 和 -0.2 在不考虑消费者特质的感知推荐信任 $\overline{TR}$ 基础上计算考虑消费者信任特质的感知推荐信任 TR。

对比 $\overline{TR}$ 与考虑主体信任倾向差异性的消费者感知推荐信任直觉模糊集 TR，λ 取不同数值时，TR 的计算结果不同。当 λ 取正值时，TR 的隶属度数值大于 $\overline{TR}$，非隶属度小于 $\overline{TR}$，而当 λ 取负值时，TR 的隶属度数值小于 $\overline{TR}$，非隶属度大于 $\overline{TR}$。对比 λ 取正值 0.1 和 0.2 时的 TR 值，当 λ 越大，感知推荐信任 TR 的隶属度越大，非隶属度越小，而当 λ 取负值 -0.1 和 -0.2 时，TR 值变化相反。计算结果表明，具有信任倾向的消费者，建立的感知信任要高于没有信任倾向的消费者，而具有不信任倾向的消费者建立的感知信任低于没有信任倾向的消费者；且信任倾向越明显，感知信任的差异性越大。计算结果体现了消费者信任特质间的个性化和差异化。

六组数据的分析结果表明，推荐者的属性对推荐信息的隶属度和非隶属度起到了加强和减弱作用。推荐者属性影响力得分值为正时，会强化推荐信息的隶属度和非隶属度，使犹豫度降低，而推荐者属性影响力得分值为负时，会弱化推荐信息的隶属度和非隶属度，使犹豫度增加。即通过可靠推荐者推荐，消费者能够建立起确定性较强的感知信任，而如果推荐者不太可靠，消费者也获取了一定信息，但不确定性较高。计算结果与人的直观感受相符。

（三）结果分析

本书构建的感知推荐信任计算方法改变了传统信任传递模型中信任随信任传递衰减的设定，体现了人的感知推荐信任受他人社会属性影响的主观特质以及人与人之间信任倾向的差异性，更符合现实中消费者感知信任形成的实际情况。

第五节　本章小结

　　本章用直觉模糊集刻画消费者感知信任，用直觉模糊集多属性决策方法计算推荐者的影响力系数，根据消费者评价偏离度计算信任倾向，用影响力系数和消费者信任倾向系数调节推荐信任直觉模糊集的意见空间，构建感知推荐信任直觉模糊集，将客观的推荐信息转化为消费者主观的感知推荐信任。该方法能够体现消费者感知信任的模糊性和主观性，将推荐者属性及消费者特质与推荐信任相融合，体现了消费者对推荐信息的主观处理过程。

第四章　基于谱平分方法的关系导向型感知推荐信任聚类方法研究

第三章将推荐信息转化为消费者主观和差异化的感知推荐信任，体现了人脑主观的处理加工过程。由于社交网络中推荐信息具有海量化特点，因此转化后的感知推荐信任同样是海量化的，如何处理对海量感知推荐信任进行聚类是本章要解决的主要问题。

社会化商务建立在社交网络基础之上，主体间关系是信任传递模型的重要组成部分。并且，根据复杂网络相关研究结论，关系孕育相似性，社交关系在对消费者感知信任起到重要的影响作用。本章从整体网络结构层面，对感知信任传递的关键影响因素、问题难点和研究思路进行阐述，在此基础上构建感知推荐信任聚类方法。

第一节　关系亲密度对感知信任的影响作用分析

亲密度指主体间关系的紧密程度，是衡量推荐信任影响力的重要指标。

社交网络中存在大量实时更新的用户生成内容，不同亲密度的朋友提供的推荐信息往往会对消费者有不同影响。口口相传的过往研究结果表明，越亲密的关系在推荐过程中起到的作用越明显，越亲密的关系越让人觉得放心和可靠，从而更容易促进信任传递的形成，而通过亲密度高的关系获得的推荐信息对消费者的购买决策影响更大。

方文侃和周涛（2017）以社会化商务中消费者的交互行为为立足点，对消费者感知信任的产生及购买意愿的影响机制进行研究，通过实证分析证明人与人之间的交互——包括信息与情感的交互，是人与人之间关系质量的重要因素，而关系质量直接影响消费者的感知信任。

综上所述，主体间在线关系是社会化商务的重要组成部分，关系亲密度对感知信任传递具有重要影响，对感知推荐信任的产生起到积极作用。

第二节　关系导向型感知推荐信任聚类方法的核心及研究步骤

一、关系导向型感知推荐信任聚类问题的难点

社会化网络规模庞大，推荐者及推荐信息具有海量化特征，因此消费者的感知推荐信任也具有海量化特征。传统信任传递模型对网络中每条路径都进行计算，如果应用于社会化商务背景，计算过于烦琐复杂，计算量庞大，无法适应网络的高动态性特点，难以实时处理网络中的推荐信息。对海量感

知推荐信任按照相似性进行聚类是解决该问题的有效途径，根据信息过量理论，过多的信息容易导致负面效果和厌烦心理，消费者往往会主动降低信息量，对信息进行归类是人降低信息量的常用方式。

然而，在社会化商务中，关系亲密度是消费者感知信任的重要影响因素，如果仅对第三章的感知推荐信任进行聚类，而忽略网络结构，显然脱离社会化商务背景，也无法体现社交网络中社团结构对消费者的影响。因此，社会化商务中感知推荐信任的聚类问题，是由关系引导的聚类问题。

对感知推荐信任进行聚类，或者对社交网络进行划分有很多成熟的方法可以借鉴，并且各有优势：国内学者对聚类方法进行了大量的研究，以 K-means、K 中心和神经网络算法为代表的聚类方法在社会化商务背景下应用，存在以下两个问题：①需要事先指定聚类中心，聚类的准确性受到聚类中心的干扰；②仅能对信息进行聚类，而无法体现社交网络中的关系，脱离社会化商务研究背景。而网络划分方面，在复杂网络基础上发展起来的谱平分方法，能够融入网络结构信息且不用事先指定聚类数量和中心，相比而言更适用于社会网络背景且划分结果比较准确，但只能按照网络结构划分聚簇，却无法体现感知推荐信任。换言之，聚类方法仅能处理信息不能体现社交网络中的关系，而谱平分方法仅能划分网络中的聚簇而无法处理信息。

将感知推荐信任相似度融入网络结构中，或者将网络主体间关系融入主体携带的感知推荐信任中，都可以解决上述问题。由于网络主体间关系数量庞大，将主体所有邻居间关系都融入感知推荐信任中，需要对所有网络中的关系进行重复计算，因而将感知推荐信任体现网络结构中，并对网络结构进行划分则更加简便。

国内外学者对网络结构划分进行了大量的研究，其中最为常用的是谱平分方法，而基于 Normal 矩阵的谱平分方法作为谱平分方法的代表，可以根据网络中的关系强度快速、简便地实现对加权网络社团结构的划分，并且不需要事先指定社团数量，对网络的划分更加客观简便。然而，Normal 矩阵是根据在线社会关系网络计算而来的，如何将感知推荐信任与网络中主体间关系相结合而生成 Normal 矩阵是本章要解决的核心问题。

二、关系导向型感知推荐信任聚类方法的步骤

根据社会学研究的重要结论："连接孕育相似性，如果主体之间存在社会关系，则他们之间必然存在一定的相似性。"因此，主体间关系强度能够体现主体之间的相似度。基于该假设，本章先计算主体间感知推荐信任的相似度，将相似度作为主体间关系强度构建感知推荐信任相似度网络，再根据主体间交往频率计算关系亲密度网络，并将两个网络复合生成关系亲密度与感知推荐信任相似度网络。因为上述两个子网络均为无向加权网络，所以复合网络也是无向加权网络。关系亲密度与感知推荐信任相似度网络的构成如图 4.1 所示。

从图 4.1 中可以看出，将关系亲密度网络与感知推荐信任相似度网络复合，复合网络能够还原并同时体现社交网络中的网络结构和不同主体提供的感知推荐信任。

因此，本章构建的关系导向型感知推荐信任聚类方法，是将聚类问题转化为网络划分问题，将划分的网络聚簇作为聚类，以解决社交关系和感知推荐信任不能同时聚类的问题。方法的步骤如下：

（1）计算根据不同主体推荐信息建立的感知推荐信任相似度，生成感知推荐信任相似度矩阵，并将其作为主体间关系强度，生成感知推荐信任相似度网络，该网络为无向加权网络。

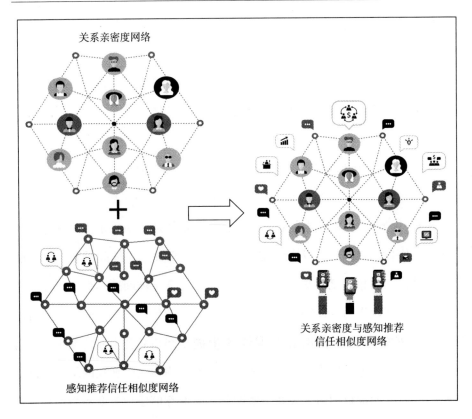

关系亲密度网络

感知推荐信任相似度网络

关系亲密度与感知推荐
信任相似度网络

图 4.1　关系亲密度与感知推荐信任相似度网络的构成

（2）计算邻居双方交往次数的均值作为交往频率生成交往频率矩阵，并将其作为主体间关系亲密度，生成关系亲密度网络，该网络同样为无向加权网络。

（3）用交往频率矩阵对感知推荐信任相似度矩阵进行修正，生成关系亲密度与感知推荐信任相似度复合网络。

（4）对该复合网络进行简化，去除权值较小的边，更有利于降低复合网络划分的计算量。

（5）在（4）的基础上生成 Normal 矩阵，并用谱平分方法进行划分。

（6）划分出的网络聚簇即相当于关系导向型感知推荐信任的聚类，计算划分后每个聚簇感知推荐信任的均值，作为聚类的感知推荐信任综合值。

第三节　关系亲密度与感知推荐信任相似度网络的抽取

一、感知推荐信任相似度网络的生成

计算感知推荐信任之间的相似度矩阵，设消费者对第 i 个推荐者推荐信息的感知推荐信任直觉模糊集为 $TR_i = <\mu_i',\ \nu_i'>$，则任意两个推荐者 i 和 j 提供的感知推荐信任直觉模糊集 TR_i 与 TR_j 之间的相似度为：

$$sr_{ij} = 1 - \frac{1}{2}(\ |\mu_i'-\mu_j'| + |\nu_i'-\nu_j'| + |\pi_i'-\pi_j'|\ ) \tag{4.1}$$

式中，$\pi' = 1-\mu'-\nu'$，感知推荐信任的相似度矩阵 SR 为：

$$SR = \begin{pmatrix} 1 & sr_{12} & sr_{13} & \cdots & sr_{1n} \\ & 1 & sr_{23} & \cdots & sr_{2n} \\ & & 1 & \cdots & sr_{3n} \\ & & & \ddots & \vdots \\ & & & & 1 \end{pmatrix} \tag{4.2}$$

以相似度作为主体间关系强度，则该矩阵对应的即是感知推荐信任相似度网络，该网络为无向加权网络。

二、感知推荐信任相似度矩阵的修正

根据社会学研究的重要结论：连接孕育相似性。如果主体间存在社会关系，则他们间必然存在一定的相似性。因此，本书用推荐者间的关系强度来修正感知推荐信任相似度矩阵，从而将在线社交关系和感知推荐信任融合在一起。

交往频率是网络中任意两个主体间交互次数与所有主体间交互次数的比值，反映了一对主体关系的相对强度。设 n 个推荐者及其之间的社会关系构成的社交网络为 $G=<V, E>$，G 为加权网络，θ_{ij} 为社交网络中任意两个节点 i 与 j 的交互次数，则交往频率矩阵 F 为：

$$F=\begin{pmatrix} 0 & f_{12} & f_{13} & \cdots & f_{1n} \\ & 0 & f_{23} & \cdots & f_{2n} \\ & & 0 & \cdots & f_{3n} \\ & & & \ddots & \vdots \\ & & & & 0 \end{pmatrix} \tag{4.3}$$

式中，任意两个节点 i 与 j 的交往频率为：

$$f_{ij}(\theta_{ij})=\frac{\theta_{ij}}{\sum_{i=1}^{n}\sum_{j=1}^{n}\theta_{ij}} \tag{4.4}$$

用交往频率矩阵补充修正感知推荐信任相似度矩阵，设修正后的关系亲密度与相似度矩阵为 SR'，$SR'=SR+F$，矩阵 SR' 中的元素 sr'_{ij} 为：

$$\begin{cases} sr'_{ij} = sr_{ij} + f_{ij}(\theta_{ij}), & sr_{ij} + f_{ij}(\theta_{ij}) \leqslant 1 \\ sr'_{ij} = 1, & sr_{ij} + f_{ij}(\theta_{ij}) > 1 \end{cases} \tag{4.5}$$

当两个推荐者交往频率过高时，可能存在同一个人使用两个账号的非正常情况，式（4.5）将关系亲密度与感知推荐信任相似度相结合，能够平抑非正常的社交关系起到的作用。

三、关系亲密度与感知推荐信任相似度网络的简化

社交网络具有网络规模大、网络动态性高、用户生成内容海量化的特点，为提高计算速度，对关系与相似度网络进行简化，从而去掉权重非常小的边。在现实生活中，如果两个推荐者提供的感知推荐信任间相似度非常低，可以直观地认为两者不相似，关系亲密度非常低时也是如此。因此，设置阈值 η 去掉相似度较小的边，该阈值可以根据网络的整体边权情况按照平台处理速度需求设置。设简化后的关系与相似度矩阵为 SR''，其中的元素 sr''_{ij} 为：

$$sr''_{ij} = \begin{cases} 0, & sr'_{ij} < \eta \\ sr'_{ij}, & sr'_{ij} \geqslant \eta \quad i, j \in [1, n] \\ 1, & i = j \end{cases} \tag{4.6}$$

以相似度矩阵 SR'' 为关系强度，则对应的网络即为简化后的关系亲密度与感知推荐信任相似度网络。

第四节 基于谱平分方法的关系亲密度与 感知推荐信任相似度网络聚簇划分

一、聚簇划分

对关系亲密度与感知推荐信任相似度网络进行划分，以划分出的聚簇作为关系导向型感知推荐信任的聚类，则聚类既反映了感知推荐信任的相似度，也体现了网络结构对感知信任的影响。

网络划分方法中基于 Normal 矩阵的谱平分方法不需指定聚簇数量，划分结果准确、客观。该方法的前提是 Normal 矩阵的生成，以简化后的关系与相似度网络生成 Normal 矩阵，先将简化后的相似性矩阵 SR'' 转化为 Laplace 矩阵。设 Laplace 矩阵中的元素为 l_{ij}，则：

$$l_{ij} = \begin{cases} \deg(i), & i=j \\ -sr''_{ij}, & i \neq j \end{cases} \tag{4.7}$$

则转化后的 Laplace 矩阵为：

$$L = (l_{ij})_{n \times n} = \begin{pmatrix} \deg(1) & -sr''_{12} & -sr''_{13} & \cdots & -sr''_{1n} \\ & \deg(2) & -sr''_{23} & \cdots & -sr''_{2n} \\ & & \deg(3) & \cdots & -sr''_{3n} \\ & & & \ddots & \cdots \\ & & & & \deg(i) \end{pmatrix} \tag{4.8}$$

其中，$L=K-A$，有：

$$K=\mathrm{diag}(d(1),d(2),\cdots,d(i))\tag{4.9}$$

则

$$A=\begin{pmatrix}0 & sr''_{12} & sr''_{13} & \cdots & sr''_{1n}\\ & 0 & sr''_{23} & \cdots & sr''_{2n}\\ & & 0 & \cdots & sr''_{3n}\\ & & & \ddots & \cdots\\ & & & & 0\end{pmatrix}\tag{4.10}$$

进一步转化为 Normal 矩阵：

$$N=K^{-1}A\tag{4.11}$$

继续求解 Normal 矩阵的第一或第二特征值及其对应的特征向量，设特征向量的分布呈现出 r 个阶梯等级，则整个网络按照网络结构可划分为 r 个聚簇，网络中聚簇的集合为 $C=\{C_1,C_2,\cdots,C_r\}$，且有 $C_1\cup C_2\cup\cdots\cup C_r=G$。

通过网络结构的客观信息，将网络划分为 r 个聚簇，每个聚簇中的主体在"感知推荐信任"与"消费者关系亲属程度"两方面非常相似，从而在对感知推荐信任进行聚类的同时融入主体间关系，以社交网络结构信息作为辅助，实现对关系导向型感知推荐信任的聚类。

二、聚簇感知推荐信任综合值

对聚簇的感知推荐信任进行综合计算，用综合值代替整个聚簇的意见，从而达到简化海量信息的目的。社交网络具有高动态性特征，网络中节点进入非常频繁，简化海量信息符合网络高动态性特点。

定义：设第 h 个聚簇为 $C_h = <V_h, E_h>$，聚簇的感知推荐信任综合值为 $TR(C_h)$。

$$TR(C_h) = < \mu_h, \ v_h > = \left\langle \frac{1}{|V_h|} \sum_{g=1}^{|V_h|} \{\mu'_g \mid g \in V_h\} \right.$$

$$\left. \frac{1}{|V_h|} \sum_{g=1}^{|V_h|} \{v'_g \mid g \in V_h\} \right\rangle \qquad (4.12)$$

本节将感知推荐信任聚类问题转化为关系亲密度与感知推荐信任相似度网络的划分问题，划分出的聚簇即为关系导向型感知推荐信任的聚类，聚类将感知推荐信任及社交关系影响力相似的主体聚为一类，充分体现了社交网络的研究背景。聚簇的感知推荐信任综合值作为聚类的综合意见，反映了消费者看过大量推荐信息对感知推荐信任的归类过程。

第五节　关系导向型感知推荐信任聚类方法仿真实验

假设对于某位社会化商务商家 Y，与某位消费者存在社会关系的有 100 个人在社交网络上发表用户生成内容描述购买心得，消费者根据该 100 条推荐信息建立感知推荐信任。按照本书第三章的聚类方法，采用仿真实验方法，用 Metlab 对 100 个感知推荐信任进行聚类。

一、仿真实验设计

步骤 1：生成 100 个节点的随机网络，对各感知推荐信任直觉模糊集进行随机赋值，并对 100 个节点之间的交往次数进行随机赋值，从而形成 100个节点的社交网络。

步骤 2：按式（4.1）计算 100 个的感知推荐信任之间的相似度作为节点间关系，构建感知推荐信任相似性矩阵。

步骤 3：根据式（4.3）~式（4.5）计算修正后的关系与相似度矩阵。

步骤 4：按照式（4.7）~式（4.11）将修正后的关系与相似度矩阵转化为 Normal 矩阵。

步骤 5：求解 Normal 矩阵的特征值及对应的特征向量并划分网络聚簇。

步骤 6：根据式（4.12）计算聚簇的感知推荐信任综合值。

生成的 100 个主体的随机网络如图 4.2 所示。

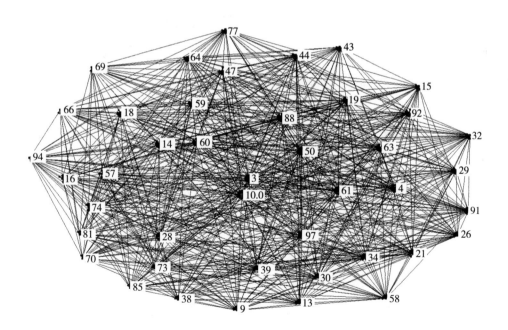

图 4.2　100 个主体的随机网络

二、仿真结果

计算得到 Normal 矩阵第一特征值为 0.8964，求解对应的特征向量，并对特征向量值进行排序和聚类，得到分布如图 4.3 所示。可以看到，100 个推荐信息比较清晰地分为 4 个阶梯，即网络可以划分为 4 个聚簇。

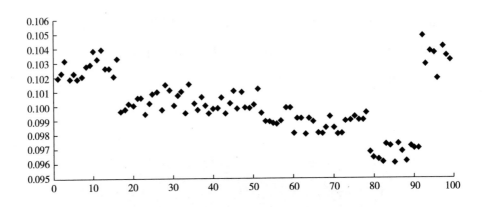

图 4.3 100 个节点的关系与相似性网络特征向量分布

聚簇划分情况及聚簇的感知推荐信任综合值如表 4.1 所示，网络聚簇即是考虑社交网络关系的感知推荐信任聚类。

表 4.1 关系亲密度与感知推荐信任相似度网络的聚簇划分情况

聚簇	聚簇中节点数量	感知推荐信任综合值
1	$\lvert V_1 \rvert = 15$	$TR(C_1) = <0.3802,\ 0.4459>$
2	$\lvert V_2 \rvert = 61$	$TR(C_2) = <0.2260,\ 0.2298>$

聚簇	聚簇中节点数量	感知推荐信任综合值
3	$\left\vert V_3 \right\vert = 16$	$TR(C_3) = <0.4092, 0.2023>$
4	$\left\vert V_4 \right\vert = 8$	$TR(C_4) = <0.2285, 0.4003>$

三、仿真结果分析

聚簇划分结果显示，该 100 个节点的网络可以划分为 4 个聚簇，聚簇中节点的数量分别为 15、61、16 和 8，各聚簇的感知推荐信任综合值呈现出不同的感知信任意向：

对于聚簇 C_1，其感知推荐信任综合值为 $<0.3802, 0.4459>$，对应的犹豫度为 $\pi_1 = 0.1739$，表示属于该类的感知信任综合值中信任和不信任感知都比较高，不确定性比较低，体现了消费者根据推荐信息建立了比较明确的感知推荐信任，认为商品的优势和劣势比较明确，感知推荐信任倾向于不太信任。

对于聚簇 C_2，其感知推荐信任综合值为 $<0.2260, 0.2298>$，对应的犹豫度为 $\pi_2 = 0.5442$，表示属于该类的感知信任综合值表现出较高的犹豫度，信任的模糊隶属度和不信任的模糊隶属度基本相同，没有表示出整体信任倾向性，表明消费者根据推荐信息建立的感知推荐信任不明确。

对于聚簇 C_3，其感知推荐信任综合值为 $<0.4092, 0.2023>$，对应的犹豫度为 $\pi_3 = 0.3885$，信任隶属度较高，表示消费者根据推荐信息建立了比较明确的感知，感知推荐信任综合值偏向于信任。

对于聚簇 C_4，其感知推荐信任综合值为 $<0.2285, 0.4003>$，对应的犹

豫度为 $\pi_4 = 0.3712$，信任非隶属度较高，感知推荐信任综合值偏向于较高的犹豫度和不信任，说明消费者根据推荐信息建立了较低的感知推荐信任。

第六节　本章小结

大规模社交网络中海量感知推荐信任实时处理难，针对聚类难以体现社交网络关系。网络划分方法难以体现感知推荐信任的难题，本章将关系导向型感知推荐信任聚类问题转化为复杂网络划分问题，计算不同主体提供的感知推荐信任相似度矩阵，并与主体间相对交往频率矩阵复合，从社交网络中抽取出关系亲密度与感知推荐信任相似度网络，再用基于 Normal 矩阵的谱平分方法进行网络划分，从复合网络划分的角度构建了关系导向型感知推荐信任聚类方法。这为大规模多属性加权网络划分提供新思路，为新兴社会化商务中消费者感知信任导向分析提供了新视角。

第五章　考虑消费者经验的多源信任融合模糊模型

在社会化商务中，消费者根据他人推荐信息建立感知推荐信任，并与自身过往的交易决策经验相结合建立感知信任。在对多个感知推荐信任聚类进行融合的过程中，消费者往往会存在"少数服从多数"的从众心理，从而使推荐者数量较多的聚簇产生更大的影响力。而过往交易决策经验中，与本次决策情境越相似的经验，则影响力越大，因此，消费者的感知经验信任是一种由相似性引导的信息加工过程。

首先，本章对消费者多源信任融合行为的特点进行分析，对基于案例的决策理论（CBDT）进行扩展并与直觉模糊集相结合，计算消费者感知经验信任。

其次，在第四章感知推荐信任聚类方法的基础上，引入从众行为，将用主观逻辑方法改进直觉模糊集加法运算，对多个感知推荐信任聚类进行聚合计算。

最后，引入锚定理论对感知推荐信任聚合值和感知经验信任进行融合，构建多源信任融合模糊模型。

第一节　多源信任融合行为特点分析

一、从众行为

从众行为是一种常见的电子商务消费者行为。由于电子商务交易中买卖双方不见面，消费者无法接触商品获得直观的信息，因而消费者的感知风险较高。为了降低感知风险，消费者常常效仿他人的决策。根据其他消费者的评论建立感知信任的过程即产生了从众行为。

从众行为可以进一步分为规范性社会影响（Normative Social Influence）和信息性社会影响（Informational Social Influence）。社会化商务中，人与人之间的交流和口口相传的推荐（Word-of-mouth Referrals）是影响消费者信任感知的关键因素，海量的用户生成内容（UGC）中包含了大量的商品评论、消费体验和情感，具有显著的信息性社会影响，使社会化商务中消费者从众行为更为明显。

二、消费者感知信任调整行为

在社会化商务中消费者感知信任融合过程中，消费者通过社交媒体查看其他主体发布的用户生成内容，包括使用心得、质量好坏等信息，在此基础上结合自身经验形成自己的感知信任。根据锚定效应，当采用他人观点时，人们往往将自己的观点作为锚，考虑他人与自己观点的差异并进行调整，以调和自己与他人感知信任之间的差异。实验证明，当消费者采用他人观点时，会将自己的观点作为起始锚，跳跃式地调整一定的量，并评价所调整的新观点是否与他人的观点相吻合，如果不吻合则开始新的跳跃式调整，直到调整到自己与他人的观点都可接受的结果，其中某领域的专家型人物受到锚定效应的影响较小。

第二节　多源信任融合模型原理

本书在直觉模糊集理论的基础上构建多源信任融合模型。对多个聚簇的感知推荐信任综合值的直觉模糊集 $A = \langle \mu, \nu \rangle$ 与 $B = \langle \mu', \nu' \rangle$ 的加法运算为：

$$A + B = \langle \mu + \mu' - \mu \cdot \mu', \nu \cdot \nu' \rangle \tag{5.1}$$

可以看出，A 与 B 的和仍为直觉模糊集，且随着聚簇数量的增加，隶属度增长较快而非隶属度急剧下降。然而，对于本书研究的问题来说，当消费者接收到社交网络中有多个聚簇感知推荐信任时，通过对比分析多种不同的推荐，消费者会形成更加明确的意见，且当多个聚簇感知推荐信任综合值中存在负面意见，即非隶属度较高时，消费者的感知信任直觉模糊集非隶属度会随之提高。因而，直觉模糊集理论的加法运算不适用于本书对多个聚簇感知信任的融合计算。

为了解决上述问题，本书引入主观逻辑方法计算多个聚簇的感知推荐信任综合值进行融合，并对 CBDT 方法进行扩展，从而计算消费者根据过往经验建立的感知经验信任。最后，将感知推荐信任和感知经验信任进行融合。

对主观逻辑的信任聚合计算方法和 CBDT 方法的原理简单介绍如下：

一、主观逻辑方法聚合计算方法

主观逻辑方法也将信任用三个维度表示，分别是信任、不信任和不确定，与直觉模糊集的表示方法类似。直觉模糊集加法运算在应用于多个推荐信任叠加运算时，存在非隶属度急剧下降的问题，因此，引入主观逻辑方法的聚合算法对多个感知推荐信任综合值进行聚合。假设两个感知推荐信任综合值的直觉模糊集为 $A = \langle \mu, \nu \rangle$ 与 $B = \langle \mu', \nu' \rangle$，则有：

$$A+B = \langle (\mu\pi' + \mu'\pi)/(\pi + \pi' - \pi\pi'), \ (\nu\pi' + \nu'\pi)/(\pi + \pi' - \pi\pi') \rangle \quad (5.2)$$

式中，A 的不确定性为 $\pi = 1 - \mu - \nu$，B 的不确定性为 $\pi' = 1 - \mu' - \nu'$。

主观逻辑中的聚合算法对隶属度和非隶属度比较公平，避免了多个直觉模糊集加法计算中非隶属度急剧衰减的问题。

二、CBDT 方法原理

过往决策事件的相似性对消费者对新问题的决策起到重要作用，CBDT 方法以过往决策问题与新问题的相似性和过往决策效用为依据计算新决策问题的效用。决策主体过往决策问题为 (q, a, r)，其中，q 表示问题，这些问题的集合为 M，a 表示针对问题 q 采取的行动，r 为行动带来的结果，而结果的效用为 $u(r)$。面对新问题 p，如果做出的决策仍然为 r，则决策的效用 $U(a)$ 为相似性的函数：

$$U(a) = \sum_{(q,\ b,\ r) \in M} s(p, q) u(r) \quad (5.3)$$

其中，$s(p, q)$ 为新问题 p 与过去决策问题 q 的相似性。

第三节　基于 CBDT 理论的感知经验信任的计算

消费者的决策情境常常是多属性的，卖家信誉、商品说明详细程度和客户评价等是消费者判断商品是否可信的情境因素，不同决策情境的属性对消费者决策影响程度不同。过往经验时间越久远，对新决策的影响力越小。

设消费者曾有过 n 次类似的交易决策经验，第 i 次购买决策事件 p_i 的属性集合为 $C^{p_i} = \{c_1^{p_i}, c_2^{p_i}, \cdots, c_m^{p_i}\}$，其中 m 为事件的属性数量。新的购买决策问题情境的属性集合为 $C^Q = \{c_1^Q, c_2^Q, \cdots, c_m^Q\}$，设这些属性的权重向量为 $\partial = (\partial_1, \partial_2, \cdots, \partial_m)^T$，$\partial_m \in [0, 1]$，且满足归一化条件 $\sum\limits_{j=1}^{m} \partial_j = 1$，$j = 1, 2, \cdots, m$。

设过往购买事件决策情境属性的直觉模糊集矩阵为：

$F^P = (f_j^{p_i})_{m \times n} = (<a_j^{p_i}, b_j^{p_i}>)_{m \times n}$，其中，$a_j^{p_i}$ 表示过往购买决策事件 p_i 的第 j 个属性的模糊隶属度，$b_j^{p_i}$ 表示模糊非隶属度，$a_j^{p_i}$，$b_j^{p_i} \in [0, 1]$，$a_j^{p_i} + b_j^{p_i} \in [0, 1]$，$h_j^{p_i} = 1 - a_j^{p_i} - b_j^{p_i}$ 是对应的犹豫度。

设新决策问题情境的直觉模糊集矩阵为：

$F^Q = (f^Q)_m = (<a_1^Q, b_1^Q>, <a_2^Q, b_2^Q>, \cdots, <a_m^Q, b_m^Q>)^T$

设 $s(p_i, Q)$ 是过往交易决策事件 p_i 与新问题 Q 决策情境之间的相似性，计算过往决策问题与新问题之间的加权汉明相似度：

$$s(p_i,\ Q) = 1 - \frac{1}{2m}\sum_{j=1}^{m}\partial_j(\mid a_j^{p_i} - a_j^Q\mid + \mid b_j^{p_i} - b_j^Q\mid + \mid h_j^{p_i} - h_j^Q\mid) \quad (5.4)$$

对相似度进行归一化处理，归一化的相对相似度 $s'(p_i,\ Q)$ 为：

$$s'(p_i,\ Q) = \frac{s(p_i,\ Q)}{\sum_{l=1}^{n}s(p_i,\ Q)} \quad (5.5)$$

则消费者根据过往决策经验建立的感知经验信任 $T(Q)$ 为：

$$T(Q) = < o,\ \zeta > = \sum_{i=1}^{n}s'_i(p_i,\ Q)T(p_i) \quad (5.6)$$

第四节　多源感知信任融合模糊模型

消费者感知信任融合是对过往经验和他人推荐主观加工的过程。当感知推荐信任与感知经验信任意向相同时，感知信任的整体意向会进一步强化；当两种感知信任意向相反时，消费者的感知信任融合值是两种来源感知信任的调和值。

考虑消费者的从众心理，对多个感知推荐信任进行聚合计算。

设第 h 个聚簇的相对从众系数为 θ_h，则：

$$\theta_h = \frac{\mid V_h\mid}{\sum_{h=1}^{r}\mid V_h\mid},\ h = 1,\ 2,\ \cdots,\ r \quad (5.7)$$

考虑从众系数的聚簇 C_h 感知推荐信任综合值为：

$$TR'(C_h) = <\mu'_h,\ v'_h> = r\theta_h TR(C_h) = <1-(1-\mu'_h)^{r\theta_h},\ (v'_h)^{r\theta_h}> \quad (5.8)$$

根据式（5.1）计算 h 个聚簇的感知推荐信任融合值 $T(R)$ 为：

$$T(R)=<\hat{\mu},\ \hat{\nu}>=TR'(C_1)+TR'(C_2)+\cdots+TR'(C_r) \tag{5.9}$$

设源于经验的感知信任 $T(Q)$ 与感知推荐信任 $T(R)$ 之间的汉明距离为：

$$d(T(Q),\ T(R))=\frac{1}{2}(\ |o-\hat{\mu}|+|\zeta-\hat{\nu}|+|(1-o-\zeta)-(1-\hat{\mu}-\hat{\nu})|\ )$$

$$\tag{5.10}$$

根据锚定理论："当采用他人观点时，人们往往将自己的观点作为锚，考虑他人与自己观点的差异并进行调整，以调和自己与他人感知信任之间的差异。"两种来源感知信任的融合值 T 为：

$$T=<\eta,\ \varpi>=dT(R)+(1-d)T(Q)$$
$$=<1-(1-\hat{\mu})^d,\ \hat{\nu}^d>+<1-(1-o)^{1-d},\ \zeta^{1-d}> \tag{5.11}$$

第五节 多源信任融合模糊模型算例分析

本节通过两种方式对多源信任融合计算方法进行验证：一是算例实验；二是实际数据分析。

一、感知经验信任算例分析

假定消费者过往有四个类似的购物决策，这四个购物事件的集合为 $P=\{p_1,\ p_2,\ p_3,\ p_4\}$，设过往第 i 次购物事件的属性集合为：$C^{p_i}=\{c_1^{p_i},\ c_2^{p_i},\ \cdots,$

$c_5^{p_i}$ = {卖家信誉，商品说明详细程度，商品评价，商品销量，客服专业程度}，5 个属性的权重向量为 $\omega = (0.25, 0.1, 0.3, 0.2, 0.15)^T$。

过往购买事件属性的直觉模糊集矩阵为：

$$F^P = (f_j^{p_i})_{5\times4} = \begin{pmatrix} <0.2,\ 0.2><0.7,\ 0.2><0.2,\ 0.3><0.5,\ 0.1> \\ <0.3,\ 0.4><0.8,\ 0.1><0.3,\ 0.2><0.2,\ 0.1> \\ <0.6,\ 0.3><0.3,\ 0.3><0.2,\ 0.1><0.6,\ 0.2> \\ <0.7,\ 0.1><0.1,\ 0.7><0.2,\ 0.2><0.8,\ 0.2> \\ <0.2,\ 0.5><0.4,\ 0.2><0.6,\ 0.1><0.3,\ 0.4> \end{pmatrix}$$

设消费者面对的新决策问题 Q 的决策情境属性直觉模糊集矩阵为：

$F^Q = (<0.5,\ 0.2><0.2,\ 0.3><0.8,\ 0.1><0.6,\ 0.3><0.3,\ 0.6>)^T$

算例分析流程：给出一组 $T(p)$ 值集合，即过往 4 次类似购买决策产生的感知信任，根据式（5.3）计算过往 4 个类似购买事件与新决策问题之间的相似性集合 S，再根据式（5.4）计算归一化后的相似度集合 S'，最后根据式（5.7）计算过往经验带来的感知经验信任 $T(Q)$ 值。对 $T(p)$ 集合中的元素进行调整，并计算感知经验信任 $T(Q)$ 值，3 组数据及计算结果如表 5.1 所示。

表 5.1　感知经验信任算例分析

序号	$T(p)$	$T(Q)$
1	{<0.8, 0.1>, <0.6, 0.3>, <0.7, 0.1>, <0.5, 0.2>}	<0.669, 0.156>
2	{<0.1, 0.8>, <0.3, 0.6>, <0.7, 0.1>, <0.5, 0.2>}	<0.179, 0.640>
3	{<0.8, 0.1>, <0.6, 0.3>, <0.1, 0.7>, <0.2, 0.5>}	<0.512, 0.318>
4	{<0.1, 0.8>, <0.3, 0.6>, <0.7, 0.1>, <0.5, 0.2>}	<0.443, 0.372>

（一）第一组数据

设决策者过往类似购买决策产生的感知信任为：$T(P) = \{<0.8, 0.1>,$ $<0.6, 0.3>, <0.7, 0.1>, <0.5, 0.2>\}$，这组数据表示过往 4 次类似经验倾向于信任。根据式（5.3）计算过往 4 个类似购买事件与新决策问题之间的相似性集合为：$S = \{0.955, 0.916, 0.912, 0.965\}$。根据式（5.4）计算归一化后的相似度集合为：$S' = \{0.255, 0.244, 0.243, 0.257\}$。根据式（5.7）计算过往经验带来的感知经验信任为：$T(Q) = <0.669, 0.156>$，表明消费者感知经验信任的隶属度较高，对新问题持信任意向。

（二）第二组数据

将第一组 $T(P)$ 数据中隶属度与非隶属度调换，生成一组信任非隶属较高的过往类似购买决策产生的感知信任：$T(P) = \{<0.1, 0.8>, <0.3,$ $0.6>, <0.7, 0.1>, <0.5, 0.2>\}$，按照上文计算流程，消费者对新问题的感知经验信任为：$T(Q) = <0.179, 0.640>$，非隶属度较高，表示消费者对新问题持不信任意向。

（三）第三组数据

将第二组 $T(P)$ 数据前两个元素的隶属度与非隶属度调换，后两个元素保持不变：$T(P) = \{<0.8, 0.1>, <0.6, 0.3>, <0.7, 0.1>, <0.5,$ $0.2>\}$，即最近两次类似交易的感知信任隶属度较高，而以前两次类似交易的感知信任非隶属度较高。按照上文计算流程，消费者对新问题的感知经验信任为：$T(Q) = <0.512, 0.318>$，表明消费者感知经验信任隶属度高于非隶属度，但差别并不太大。

（四）第四组数据

将第二组 $T(P)$ 数据后两个元素的隶属度与非隶属度调换，前两个元素保持不变：$T(P) = \{<0.1, 0.8>, <0.3, 0.6>, <0.7, 0.1>, <0.5, 0.2>\}$，即最近两次类似交易的感知信任非隶属度较高，而以前两次类似交易的感知信任隶属度较高。按照上文计算流程，消费者对新问题的感知经验信任为：$T(Q) = <0.443, 0.372>$，表明消费者感知经验信任隶属度高于非隶属度，但是差距比较小，基本趋近于比较中立的态度。

由此可见，过往类似购买决策产生的感知信任 $T(P)$ 对消费者的感知经验信任起到了决定性的影响，且感知经验信任 $T(Q)$ 值的隶属度与非隶属度介于过往历次类似经验的感知信任的隶属度与非隶属度之间。

二、多源信任融合算例分析

设网络中共有 225 个推荐者，可分为 4 个聚簇，各聚簇中节点数量分别为 15，30，60，120，以上文中的算例分析结果中，隶属度最高的感知经验信任值 $T(Q) = <0.669, 0.156>$ 为例，对多源信任融合值进行算例分析，算例分析步骤为：根据上文中式（5.6）计算各聚簇的从众系数，设各聚簇的感知推荐信任集合 $TR(C)$ 为表 5.2 的第二列，按照式（5.7）计算考虑从众系数的感知信任综合值 $TR'(C)$，用式（5.8）计算消费者根据多个聚簇建立的感知推荐信任值 $T(R)$。按照式（5.9）计算 $T(Q)$ 与 $T(R)$ 之间的距离，再根据式（5.10）计算感知信任融合值。

从众系数的集合为 $\theta = \{0.075, 0.150, 0.300, 0.600\}$，按照算例分析流程计算结果如表 5.2 所示。

表5.2 感知信任融合计算方法算例分析

序号	$TR(C)$	$TR'(C)$	d	$T(R)$	T
1	{<0.7, 0.2>, <0.8, 0.1>, <0.6, 0.2>, <0.5, 0.2>}	{<0.303, 0.617>, <0.619, 0.251>, <0.667, 0.145>, <0.811, 0.021>}	0.221	<0.589, 0.377>	<0.653, 0.190>
2	{<0.7, 0.2>, <0.8, 0.1>, <0.2, 0.6>, <0.2, 0.5>}	{<0.303, 0.617>, <0.619, 0.251>, <0.235, 0.542>, <0.415, 0.189>}	0.362	<0.438, 0.518>	<0.599, 0.241>
3	{<0.2, 0.7>, <0.1, 0.8>, <0.6, 0.2>, <0.5, 0.2>}	{<0.065, 0.899>, <0.061, 0.875>, <0.667, 0.145>, <0.811, 0.021>}	0.616	<0.210, 0.772>	<0.434, 0.418>

实验结果表明，本书构建的多源感知信任融合模型能够根据相似性计算消费者根据过往经验建立的感知信任，融合后的感知信任隶属度与非隶属度介于 $T(R)$ 和 $T(Q)$ 之间，当 d 越小时，感知信任值 T 越接近于输入值 $T(Q) = <0.669, 0.156>$，说明 $T(R)$ 和 $T(Q)$ 两个直觉模糊集之间的距离在融合计算中起到调节作用。

第六节 本章小结

本章构建考虑消费者经验的多源信任融合模型。首先，对消费者多源信任融合行为的特点进行分析；其次，将直觉模糊集与 CBDT 理论相结合，构建感知经验信任模型，将过往相似的购买决策经验整合为消费者本次的感知经验信任；最后，以锚定效应为依据，对感知推荐信任聚合值和感知经验信任进行计算，从而实现多源信任的融合。

本书提出的感知信任模糊融合模型能够将消费者的过往经验与他人推荐信任相结合，满足社会化商务中消费者感知信任模糊性和多面性特点，解决相似性和感知信任度量难问题，引入锚定效应来设定构建多源信任融合算法，能够体现不同类型消费者的决策特点。

第六章　案例分析

　　本章通过案例分析方式，将本书构建的模型应用于实际企业案例。针对传统电子商务企业面临的消费者感知信任难以建立的问题，采用调查问卷的方式收集消费者感知信任的相关数据，分析案例企业采用社交媒体推广商品能否有效建立消费者感知信任，并进一步对本书构建模型的有效性进行验证。

第一节　案例背景

一、案例企业概况及行业背景

（一）行业背景

根据国家统计局数据显示，中国已步入老龄化社会，60 岁以上人口占比为 17.3%，这些人群中，老年性耳聋发病率高达 40%~50%，属于高发病症。面对中国老龄化社会，免调试助听器产品市场需求潜力巨大。免调试助听器作为小型医疗器械受众广泛、使用频率高且使用时间长，在功能性、佩戴便捷性、美观性、心理健康维护以及预防耳聋导致的老年痴呆等方面具有不可替代的作用。但是，免调试助听器（无线助听器）作为Ⅱ类医疗器械具有中度风险，选择不慎反而会对听力造成不可逆的影响，具有较高的交易决策风险，因而在网络销售中面临着巨大的信任危机。与家用血糖仪、血压仪和血脂测量仪等小型医疗器械相比，免调试助听器属于高体验性商品，使用者的体验和反馈对消费者判断商品是否可信具有重要作用。因此，本书以免调试助听器为行业背景，采用本书构建的模型，对免调试助听器采用社会化商务进行推广时，消费者的感知信任进行分析。

1. 免调试助听器网络销售面临着严重的信任危机

对于地域覆盖范围广泛且人口占比相当高的老年性耳聋病症，电子商务销售渠道具有不受地域限制的天然优势，但由于体验型商品特质和使用高风险性带来的信任危机，导致免调试助听器的销售量远远低于同等价位的血压仪和血糖仪等小型医疗器械。下面，根据人口老龄化、老年性耳聋、慢性心血管疾病和淘宝销量（截图见附录）等数据统计资料，对免调试助听器行业背景进行具体介绍，如表 6.1 所示。

表 6.1　中国老龄化、典型病症和小型医疗器械销量概况

类别	数值（%）	类别	数值（%）
2017 年我国>60 岁人口占比（%）	17.3	2017 年我国>65 岁人口占比	11.4

续表

类别	数值（%）	类别	数值（%）
联合国老龄化划分标准>60岁人口占比（%）	10	联合国老龄化划分标准>65岁人口占比（%）	7
60岁以上老年性耳聋人口占比（%）	40~50	60岁以上慢性心血管疾病人口占比（%）	21
免调试助听器淘宝前10家店铺30天内付款人数（人）	37005	家用血压仪淘宝前10家店铺30天内付款人数（人）	78892

从表6.1可以看出，虽然老年性耳聋的高发性远远大于慢性心血管疾病，但免调试助听器淘宝前10家店铺近30天的付款人数仅为37005人，远低于家用血压仪淘宝前10家店铺30天内付款人数为78892人。笔者与十几家销售助听器的商家联系并询问销售量差异的原因，商家普遍认为听力补偿的非标准化和体验型商品网上销售的信息不对称性所带来的信任问题是造成人口占比与销售量巨大落差的根本原因。

2. 老年性耳聋严重影响患者的日常生活和身心健康

老年性耳聋包含4个发病阶段：

（1）漠视期，听力损伤初期，大多数人不重视，却是听力干预治疗的最好时期。

（2）焦虑期，听力损伤开始影响正常生活，出现轻微语言障碍，对方说话稍快时无法理解语言含义。

（3）抑郁期，听力损伤很大程度影响正常生活，语言能力显著下降，回避与家人交流，伴有大脑皮层退化。

（4）自闭期，听力损伤严重，难以通过语言交流获取信息，社交活动基本终止，部分患者出现老年痴呆症状。

3. 免调试助听器市场前景广阔

近年来，助听器行业增长迅猛，市场前景广阔，2017 年助听器行业增幅达到 18%。以该行业作为本书的案例分析背景，具有老年群体普适性，对于老年群体身心健康维护有重要意义，有益于促进社会特殊发展阶段下典型行业的发展。

(二) 案例企业概况

在淘宝上搜"免调试助听器"，考虑到淘宝的商品排名可购买问题，回避商品排名前三位的商家，以商品排名第四位的商家作为案例企业并隐去商家名称。×××医疗器械旗舰店为天猫 3 年店，主营业务为医疗健康，店铺好评率较高，达到 92.7%，半年内动态评分的宝贝与描述相符度 4.9 分，卖家服务态度 4.8 分，物流服务质量 4.8 分，分别高于同行业平均水平 6.32%、8.77% 和 5.93%，如图 6.1 所示。

截至本书于 2018 年 3 月设计调查问卷之前，该商家出售的×××调试助听器 180 天内累计销量为 4268 件。该商品已购买消费者评论中与描述相符综合打分 4.9 分，其中评论的关键词多为"质量很好""品质不错""服务态度好"和"清晰"等，如图 6.2 所示。

通过对商家的访谈笔者了解到，商家认为现今无线免调试助听器市场需求非常旺盛，该商家销售的商品完全符合国家检验标准，但所售商品由于消费者购买前难以体验，交易决策失误可能反而对听力有损害，因此购买风险较高。商家目前仅在淘宝天猫平台销售，希望能够借助社交媒体的在线口口

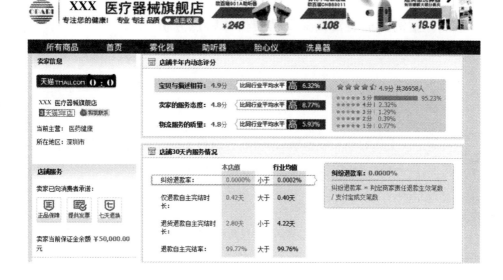

图 6.1　案例企业概况

图 6.2　商品评价截图

相传作用让更多消费者了解他们的商品，通过用户生成内容的扩散建立消费者感知信任，通过社交媒体带动淘宝销售量的快速提高。

二、案例企业主营商品及消费群体特点分析

（一）商品优势和劣势分析

案例企业主营的×××牌免调试助听器为隐形无线免调试助听器，属于Ⅱ类医疗器械，对其优势和劣势分析如表6.2所示。

表6.2　案例商品优势和劣势分析

优势	劣势
免调试，特别适合不愿意去医院的老人	体验型商品，初次选购感知风险大
无线且隐形，佩戴美观舒适，更能避免损害老年患者的自尊心	Ⅱ类医疗器械，决策风险高，选择失误容易加重听力损伤
价格便宜，特别适合老年性耳聋初期选择	非日常消耗品，消费者对商品缺乏基本的了解，难以建立感知信任
数字化，具备自动降噪效果，避免噪声过大对听力的二次伤害	

（二）消费群体特点

通过对商家的访谈，了解到案例企业主营商品的消费群体具有以下特点：

（1）消费者群体多为中年人：患者年龄多为60岁以上老年人，对网购普遍不太了解，购买者多为患者子女，消费群体主要年龄段为30~45岁。

（2）消费群体对商品了解程度较低：免调试助听器网上销售的信息不对

称非常强,大多数购买者对商品的原理、效果和使用方法并不了解,部分消费者对如何按照病情发展时期选择免调试助听器更是缺乏了解,因此案例商家客服工作强度大,咨询当天的成交率比较低。

综上所述,案例企业在淘宝天猫平台动态综合排名第 4 位,面临消费者感知信任建立难、客服工作强度大、当天成交率低的难题,商家急需通过社交平台对商品进行推广和宣传,通过在线生成内容建立消费者感知信任,并快速拉动淘宝销售业绩。

本书以该商家所售的商品信息为基础,按照本书感知信任传递模型的流程设计调查问卷,调查消费者根据他人推荐对该商家所售商品感知信任的建立情况,并通过调研数据对本书构建的模型进行实际数据检验进一步验证模型的有效性。

第二节　调查问卷的设计及数据处理

由于本书研究内容涉及消费者主观感知信任的多种影响因素以及主体间关系,目前笔者尚未能找到涵盖两方面的实际数据。鉴于消费者信任是一种主观感知,而调查问卷是测量感知信任的常用方法,能够较好地反映主体感知信任的主观性和模糊性,因此本书采用调查问卷方式收集相关数据。

由于案例企业为传统电子商务企业,缺乏消费者主体间关系数据和消费者过往交易决策时间数据,因此本书省略大规模网络聚类的部分内容以及时间衰减因子。

一、调查问卷的设计

（一）调查问卷的设计

消费者借助社交网络选购免调试助听器的决策流程可归纳为：

（1）通过社交网络咨询有相关购物经验的亲朋好友，获取他人的推荐信息，并形成初步的感知推荐信任。

（2）查看商品介绍页面，获取商品相关信息，包括商家信誉、商品说明详细程度、商品评价数量和过往消费者的商品评价等，再与自身经验相结合，建立感知经验信任。

（3）结合他人推荐和个体经验，形成感知融合信任，并最终影响交易决策。

按照上述流程，以案例企业主营的免调试助听器的网页内容作为实例，按照模型步骤设计问卷问题，问题的量化方式与直觉模糊集的维度保持一致。按照本书模型的结构，将问卷划分为以下三部分：

1. 感知推荐信任直觉模糊集的测量

（1）假设被试就网购助听器事件通过社交网络求助有相关经验的两位亲友 A 和 B，请被试锁定两位亲友，并对其感知相似度、感知权威程度和感知信誉三方面进行打分，即消费者对推荐者影响力属性感知的集合：$D = \{SR, AU, RE\}$ = ｛感知相似度，感知权威程度，感知信誉｝，并根据这三方面的影响力对权重进行赋值，属性的权重向量为 $\omega = (\omega_1, \omega_2, \omega_3)^T$。

（2）假设 A 和 B 的推荐信息分别是<0.7，0.1>和<0.5，0.2>，请被试对自己的信任倾向进行打分，并根据 A 和 B 的推荐对感知推荐信任进行打分。

2. 感知经验信任的测量

（1）以案例企业的店铺的评分、商品介绍页面及客户评论截图作为被试打分的参考，对过往决策事件的属性集合：$C^p = \{c_1^p, c_2^p, \cdots, c_4^p\} = \{$卖家信誉，商品说明详细程度，商品评价数量，商品评价$\}$中的各属性进行打分，并对属性的权重向量$\partial = (\partial_1, \partial_2, \cdots, \partial_4)^T$分别进行打分。

（2）请被试回忆当时的购物体验，对这两次购物交易决策中商品的可信度进行打分，即测量 $T(p_1)$ 和 $T(p_2)$ 的值。

（3）请被试对本次网购免调试助听器的新购买决策问题情境进行判断，新的决策情境属性集合：$C^Q = \{c_1^Q, c_2^Q, \cdots, c_4^Q\} = \{$卖家信誉，商品说明详细程度，商品评价数量，商品评价$\}$，并对这些属性的权重向量进行赋值$\partial = (\partial_1, \partial_2, \cdots, \partial_4)^T$。

（4）结合这两次购物经验，请被试对假设样本的免调试助听器是否可信进行打分，即测量 $T(Q)$ 值。

3. 感知信任融合值的测量

（1）请被试对他人推荐和个人经验的倚重程度进行打分。

（2）将前两部分结合，对最终形成的感知信任融合值进行打分。

（二）调查问卷题项及打分方式

按照上述三方面结合案例企业主营商品的信息设计调查问卷，以淘宝

上该产品的页面作为被试打分的参考内容，商品详情如图 6.1 和图 6.2
所示。

淘宝中商品有大量过往消费者的评价和评论，页面上显示的"累计评
价"数量是近 30 天购买该商品并提供评价的消费者数量，总评分 4.8 分是
累计评价的平均值，而评论内容是过往消费者对商品的使用体验和感知信任
的文字表述，如图 6.3 所示。

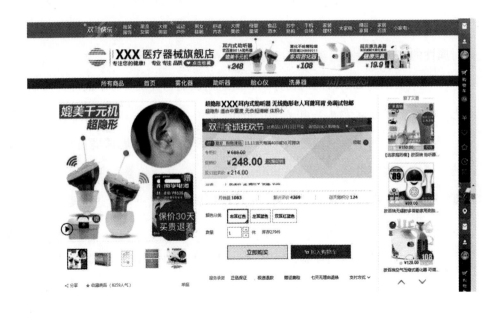

图 6.3　淘宝上某免调试助听器的商品主页

商家信誉体现了商家从开店开始到当前时间全部交易获得的客户评价综
合值，体现在商品描述、商家服务和物流速度三方面，如图 6.4 所示。

以上述淘宝的商品相关信息截图为参考，请消费者对调查问卷上的问题
作答，调查问卷的问题如表 6.3 所示。

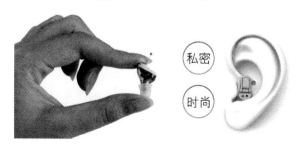

图 6.4　商品详情页部分截图

商品详情	累计评价 4269					手机购买

与描述相符
4.8
★★★★★

大家都提到

服务态度好(200)	效果不错(192)	质量很好(161)	清晰(129)	快递不错(99)

便宜(95)

◉ 全部　◎ 追评(781)　◎ 图片(279)　　　　　　　　　　　　　　☑有内容　按默认 ∨

初次评价:
10.30

非常满意,已经到货了!首先这家的产品真的还不错的,看上去很好,性价比很高,良心卖家,值得推广!试过也很有效,声音放大明显,我一个正常听力的,带着耳朵受不了,因为真的太大声了!还有这家的物品很齐全,送了很多的东西!我是天来送人的,还有好看的盒子包装!真的挺好的!一次愉快的购物!目前还没有给老人送过去,希望他能喜欢吧!这款外观还是挺好看的,挺精致的一个助听器!看上去质量也很好!希望他能重拾听力!

颜色分类:左耳蓝色　　　晤***g(匿名)
超级会员

收货4天后追加:

老人收到了,老人说带上听清楚了,声音很大声呢!老人还说以后出门就带,真是好便宜,非常满意。还有干燥盒!

解释:感谢亲的支持!欧百瑞的今天是靠万千亲们口碑相传,欧百瑞不会辜负亲们的信任,一定会一如既往把产品做到更好!这也是我们的职责所在!

初次评价:
10.08

我是特意用了几天才来评价的。这款助听器还是很不错的,拿到机器我就试了一下,没有什么杂音,戴着也很舒服,第一次戴的时候不太适应,这是正常现象,慢慢适应就好了,习惯成自然,还是很不错的,这款机器的降噪效果还是很好的,就算去菜市场也能很好的听清楚周围的声音,戴的时候一定要塞紧就可以了,而且这款戴着效果很好,特别隐形,对于像我这种年轻人来说,还是这种小巧隐形款的比较有爱,能够很好的保护自己的自尊心吧,很不错的,好评!

收货1天后追加:

可以的,适应之后还是蛮不错的,戴好之后不容易掉,很紧的,一般的活动都不会掉,电池电量很耐用,一颗电池可以用一个多礼拜,我每天都会戴是个小时左右,还是蛮不错的,不用的时候就把电池弄开装在干燥盒里面,也不麻烦,挺不错的,好评!

颜色分类:右耳红色　　　阿***啊(匿名)

解释:感谢亲的支持与肯定,亲的好评对我们来说是多么重要,它是对我们服务的肯定,更是对我们工作的默默支持,它不仅激发了我们追求更高标准的潜力,也是对我们最大的报酬,让我们感觉到一切的付出都是那么的值得,感谢亲的支持,相信我们会做的更好,因为有亲,祝亲身体健康~生活愉快~~

图 6.5　客户评价部分截图

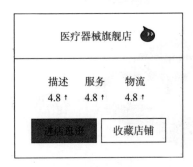

图 6.6　商家信誉截图

表6.3　感知经验信任及感知信任综合值调查问卷题项

调查问卷说明	假设您需要为听力下降的家人在淘宝网上购买免调试型隐形助听器。如不慎买到劣质助听器可能导致严重的耳鼓膜损伤，因而要求助听器的功能稳定且效果好。您曾经有过多次淘宝购物经历，并通过社交网络（微信或微博等）向亲友寻求推荐意见，请按照题目顺序完成以下问题。问卷的准确性和有效性对作者来说非常重要，感谢您认真地填写	对应的各部分
序号	问题	
1	您的性别	
2	您的年龄	
3	假设您通过网络购物，请分别对以下四个因素对您感知信任的影响程度进行打分：商家信誉、商品说明详细程度、消费者评价数量及消费者评价（请将100分按照重要程度分别分配给这四个因素）	
4	假设您在淘宝网上天猫旗舰店看到一款心仪的免调试助听器，根据该店总评分情况，请对该店铺的信誉进行评价（请从可信、不确定和不可信三方面进行打分，总分100分，您可以直接填入数值，或者滑动下方滑动条；如果总分不是100分无法提交问卷，请再次滑动其中一个滑动条，另外两个滑动条会跟着调整）	
5	根据该免调试助听器网页上的介绍，请您对该商品说明是否详细进行打分，打分方法同上	
6	该免调试助听器共有4269条商品评价，表示共有4269位消费者购买并对商品进行评价，您认为商品评价的数量多还是少	感知经验信任
7	根据该商品的部分评价内容，请您对商品评价好坏程度进行打分	
8	您曾经有过若干网购经验，请在过往网购商品中，挑选两个您认为与助听器最接近的商品，并在下文中对这两个商品的购买心得进行相应的打分	
9	请仔细回忆购买A商品时的购物体验，并对销售A商品的商家信誉进行评价	
10	请对A商品的说明详细程度进行打分	
11	请对A商品的消费者评价数量多少进行打分	
12	请对A商品消费者评价好坏程度进行打分	
13	请考虑您购买A商品的总体体验，并对该商品的可信度进行打分	
14	请仔细回忆购买B商品时的购物体验，并对销售B商品的商家信誉进行评价	
15	请对B商品的说明详细程度进行打分	
16	请对B商品的消费者评价数量多少进行打分	

调查问卷说明	假设您需要为听力下降的家人在淘宝网上购买免调试型隐形助听器。如不慎买到劣质助听器可能导致严重的耳鼓膜损伤，因而要求助听器的功能稳定且效果好。您曾经有过多次淘宝购物经历，并通过社交网络（微信或微博等）向亲友寻求推荐意见，请按照题目顺序完成以下问题。问卷的准确性和有效性对作者来说非常重要，感谢您认真地填写	对应的各部分
17	请对 B 商品消费者评价好坏程度进行打分	感知经验信任
18	请考虑您购买 B 商品的总体体验，并对该商品的可信度进行打分	
19	结合过往购买类似商品 A 和 B 的购物体验，请对上文提到的免调试助听器的感知信任进行总体打分	
20	假设，您就"网购某品牌免调试助听器"一事通过社交网络咨询两位亲友的推荐意见，请您锁定两位推荐者 X 和 Y，并对您与推荐者 X 的相似程度进行打分（请从年龄、职业、收入、经历、喜好和生活习惯等方面综合评价）	感知推荐信任
21	请您对 X 在"网购助听器"事件上的权威程度进行打分	
22	根据您与 X 的交往经历和他人对 X 的评价，请您对 X 的信誉进行打分	
23	请您对"与推荐者的相似程度""推荐者的权威程度"和"推荐者的信誉"对您感知信任的影响程度进行打分，将 100 分分给上述三个影响因素	
24	假设推荐者 X 认为该商品的可信度为 70 分，不确定 10 分，不可信度 20 分，根据 X 的推荐您对该"免调试助听器"的感知信任为多少分	
25	请对您与推荐者 Y 的相似程度进行打分	
26	请对 Y 在"网购助听器"事件上的权威程度进行打分	
27	根据您与 Y 的交往经历和他人对 X 的评价，请您对 Y 的信誉进行打分	
28	综合考虑 19 题您依据经验获得的信任以及根据 X 和 Y 的推荐获得的信任，请您对该商品的可信度进行综合评价	融合值

调查被试感知信任及相关因素的直觉模糊集，要求被试对模糊隶属度、模糊非隶属度和不确定性三个维度进行打分，因此本书借助"问卷星"中的比重题模板设置问题，如图 6.7 所示。

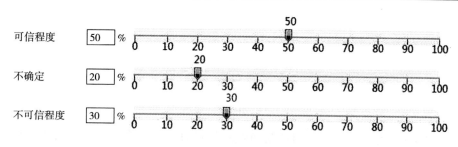

图 6.7 问卷中直觉模糊集的打分方式示例

以图 6.7 为例，比重题打分方式要求被试将 100 分分配给可信程度、不确定和不可信程度三个维度，被试可以通过左右滑动条调整分数，当三项总分为 100 时才可以提交问卷。在操作性方面，比重题滑动条的设置为，滑动其中一项，其他两项也会跟着调整，方便被试进行打分操作。在实际操作时，一般需要滑动 2~4 次可以完成一道题的打分。这种打分方式也支持直接填写百分比，直接填写数字，当三项总和为 100 分时，问卷可以提交成功。

采集权重数据也同样可以采取比重题方式，如图 6.8 所示，被试可以按照四种影响因素的影响力，直观地对四种因素进行打分。

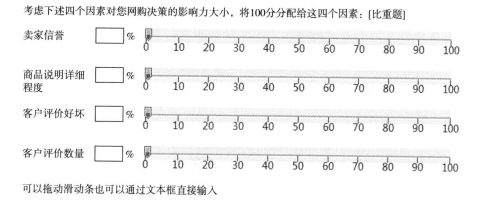

图 6.8 问卷中权重题的打分方式示例

问卷所有问题采用百分制，便于进行数据处理。

二、调查问卷数据的收集及处理

与案例企业合作，采用在线问卷系统设计问卷，并让商家对消费者发放调查问卷。本次总共回收问卷 183 份，其中有效调查问卷 132 份，包含线上 87 份和线下 45 份。在 132 份有效调查问卷的被试者中，男性为 59 人，比例约为 44.7%，女性为 73 人，比例约为 55.3%。年龄在 21～30 岁的人数为 21 人，比例约为 15.9%，30～40 岁的人数为 43 人，比例约为 32.6%，40～50 岁的人数为 38 人，比例约为 28.8%，50～60 岁的人数为 19 人，比例约为 14.4%。

将所有百分制调研数据除以 100，与本书模型统一度量，按照本书中模型的流程，处理后的调研数据计算方法如下：

（一）感知经验信任的计算

（1）根据问题 3 收集到的数据对商家信誉、商品说明详细程度、消费者评价数量及消费者评价这四个因素的权重进行赋值：$\partial = (\partial_1,\ \partial_2,\ \cdots,\ \partial_4)^T$，并根据问题 4～7 对新决策情境的属性集合 $C^Q = \{c_1^Q,\ c_2^Q,\ \cdots,\ c_4^Q\}$ 对应的直觉模糊集 $F^Q = (f^Q)_4 = (<a_1^Q,\ b_1^Q>,\ <a_2^Q,\ b_2^Q>,\ \cdots,\ <a_4^Q,\ b_4^Q>)^T$ 进行赋值。

（2）根据问题 9～12 以及问题 14～17 对过往购买事件决策情境属性的直觉模糊集矩阵 F^P 进行赋值，F^P 为 4×2 矩阵；根据问题 3 收集到的数据对这四个因素的权重进行分配：$\partial = (\partial_1,\ \partial_2,\ \cdots,\ \partial_4)^T$；根据问题 13 和问题 18 对过往决策事件建立的感知信任 $T(p_1)$ 和 $T(p_2)$ 进行赋值。

（3）根据问题 19 对消费者根据过往决策经验建立的感知经验信任 $T(Q)$ 进行赋值。

（4）按照式（4.5）和式（4.6）计算新决策问题与过往决策经验之间决策情境的相似度 $s(p_1, Q)$ 和 $s(p_2, Q)$，并计算归一化的相对相似度 $s'(p_1, Q)$ 和 $s'(p_2, Q)$；按照式（4.7）计算消费者根据过往决策经验建立的感知经验信任 $\widehat{T(Q)}$ 并与问卷调研值 $T(Q)$ 进行对比。

（二）感知推荐信任融合值计算

（1）根据问题 20~22 和问题 25~27 收集到的数据对推荐者的相似度、权威程度和信誉三个推荐者属性影响力因素的直觉模糊集矩阵进行赋值：

$$O = \begin{pmatrix} o_{11} o_{12} o_{13} \\ o_{21} o_{22} o_{23} \end{pmatrix} = \begin{pmatrix} <\sigma_{11}, \ \eta_{11}> <\sigma_{12}, \ \eta_{12}> <\sigma_{13}, \ \eta_{13}> \\ <\sigma_{21}, \ \eta_{21}> <\sigma_{22}, \ \eta_{22}> <\sigma_{23}, \ \eta_{23}> \end{pmatrix}$$，根据问题 23 收集

到的数据对上述三种影响因素的权重向量 $\omega = (\omega_1, \ \omega_2, \ \omega_3)^T$ 进行赋值。

（2）根据问题 24 对不考虑主体信任倾向差异性的消费者感知推荐信任 $\overline{TR}$ 进行赋值。

（3）根据问题 28 对两种来源感知信任的融合值 T 进行赋值。

（4）按照式（3.3）~式（3.9）计算不考虑主体信任倾向差异性的消费者感知推荐信任 $\widehat{TR}$，根据式（5.8）~式（5.10）计算两种来源感知信任的融合值 $\widehat{T}$，并与问卷调研值 T 进行对比。

第三节　调研结果分析

一、本书构建模型的有效性验证

将收集到的数据作为输入，以感知推荐信任、感知经验信任值和感知信任同和值作为模型输出，三种模型输出值的具体计算结果分别见附录对比分析 132 组感知推荐信任、感知经验信任和感知信任融合值的调研数据与模型输出值之间的相似度，验证本书构建模型的有效性。

计算无差异感知推荐信任调研数据 $\overline{TR}$ 与模型输出值 $\widehat{TR}$ 之间的汉明相似度：

$$s(\overline{TR},\ \widehat{TR}) = 1 - \frac{1}{2}(\ |\ \mu'-\hat{\mu}'\ | + |\ \nu'-\hat{\nu}'\ | + |\ (1-\mu'-\nu') - (1-\hat{\mu}'-\hat{\nu}')\ |\ )$$

$$(6.1)$$

同理，计算感知经验信任调研值 $T(Q) = <o,\ \zeta>$ 与模型输出值 $\widehat{T(Q)} = <\hat{o},\ \hat{\zeta}>$ 之间的相似度，两者之间汉明相似度为：

$$s(T(Q),\ \widehat{T(Q)}) = 1 - \frac{1}{2}(\ |\ o-\hat{o}\ | + |\ \zeta-\hat{\zeta}\ | + |\ (1-o-\zeta) - (1-\hat{o}-\hat{\zeta})\ |\ )$$

$$(6.2)$$

对感知信任综合值的调研数据及模型输出值进行对比，同样计算两者间的汉明相似度为：

$$s(T, \widehat{T}) = 1 - \frac{1}{2}(\ |\eta - \hat{\eta}| + |\varpi - \hat{\varpi}| + |(1-\eta-\eta)-(1-\hat{\varpi}-\hat{\varpi})| \ ) \quad (6.3)$$

调研数据中感知信任综合值数据与模型输出结果的相似度如表6.4~表6.6所示。

表6.4 感知推荐信任调研数据与模型输出结果的相似度统计

数据序号	1~10	11~20	21~30	31~40	41~50	51~60	61~70
相似度	0.8912	0.9608	0.9297	0.9069	0.9057	0.9103	0.8383
	0.8888	0.9500	0.9633	0.8000	0.9536	0.9000	0.9513
	0.9126	0.9582	0.9413	0.9041	0.7700	0.8900	0.9428
	0.8573	0.7454	0.8600	0.9360	0.9000	0.8000	0.9711
	0.9373	0.9800	0.8679	0.9000	0.8720	0.8488	0.8920
	0.9003	0.8000	0.9341	0.9430	0.9000	0.8636	0.9097
	0.9407	0.9388	0.8959	0.9483	0.9801	0.9254	0.8681
	0.9202	0.7000	0.9392	0.8213	0.8633	0.7500	0.9527
	0.8588	0.9300	0.8581	0.8982	0.8513	0.9800	0.9249
	0.9106	0.9456	0.8828	0.8907	0.9340	0.9532	0.9425
数据序号	71~80	81~90	91~100	101~110	111~120	121~130	131~140
相似度	0.9032	0.9669	0.9486	0.9042	0.9666	0.9327	0.8673
	0.8380	0.9398	0.9377	0.8809	0.8995	0.8712	0.9477
	0.8753	0.9042	0.9493	0.9870	0.9276	0.9271	
	0.9769	0.9447	0.8803	0.9268	0.9688	0.9397	
	0.9181	0.9589	0.9473	0.9359	0.9695	0.9460	
	0.8301	0.9831	0.8578	0.9426	0.9392	0.8864	
	0.9412	0.9614	0.9263	0.9529	0.9677	0.9600	
	0.9856	0.9023	0.8116	0.9767	0.9280	0.9977	
	0.9685	0.9320	0.8398	0.8756	0.8581	0.8357	
	0.9430	0.9617	0.8858	0.9581	0.9380	0.9351	

表 6.5　感知经验信任调研数据与模型输出结果的相似度统计

数据序号	1～10	11～20	21～30	31～40	41～50	51～60	61～70
相似度	0.8320	0.8069	0.8690	0.8492	0.8515	0.8212	0.8130
	0.8569	0.6659	0.8181	0.8500	0.7556	0.8350	0.8208
	0.8311	0.7844	0.8373	0.7145	0.8073	0.9000	0.8582
	0.7964	0.8430	0.8200	0.8875	0.8277	0.8671	0.7577
	0.8564	0.8166	0.8551	0.7711	0.7866	0.7595	0.8085
	0.8053	0.9156	0.8949	0.9400	0.7600	0.8394	0.8949
	0.8780	0.8561	0.8200	0.8413	0.7278	0.8844	0.7504
	0.7988	0.7899	0.8904	0.7975	0.8792	0.7501	0.7901
	0.7535	0.9318	0.7930	0.8553	0.8305	0.8155	0.8917
	0.8313	0.9192	0.8799	0.8144	0.7547	0.7920	0.8712

数据序号	71～80	81～90	91～100	101～110	111～120	121～130	131～140
相似度	0.7585	0.8371	0.8288	0.8092	0.7946	0.7713	0.7998
	0.7820	0.8648	0.8902	0.7374	0.7747	0.8166	0.9115
	0.7899	0.7987	0.8863	0.7893	0.8938	0.8525	
	0.8160	0.8998	0.8612	0.8382	0.8235	0.8142	
	0.7877	0.8242	0.7867	0.8486	0.7558	0.7365	
	0.8616	0.7465	0.8605	0.8336	0.8178	0.8480	
	0.8966	0.8003	0.8667	0.7022	0.8747	0.7670	
	0.8265	0.8587	0.9319	0.8508	0.9417	0.8405	
	0.8101	0.8385	0.8258	0.7790	0.8517	0.8576	
	0.7882	0.8214	0.7848	0.8794	0.8819	0.9313	

表 6.6 感知信任融合值调研数据与模型输出结果的相似度统计

数据序号	1~10	11~20	21~30	31~40	41~50	51~60	61~70
相似度	0.8845	0.7401	0.9157	0.9200	0.8603	0.8408	0.9598
	0.7733	0.4440	0.9194	0.6000	0.8507	0.9249	0.8955
	0.8654	0.6846	0.9341	0.8151	0.1288	0.9400	0.9749
	0.9188	0.7748	0.8500	0.7750	0.9203	0.4286	0.9746
	0.8049	0.7490	0.9035	0.9697	0.8350	0.9101	0.8845
	0.8452	0.9377	0.9800	0.6000	0.8000	0.9000	0.8750
	0.8600	0.9399	0.7501	0.8700	0.9303	0.9851	0.8612
	0.9011	0.4998	0.9261	0.9500	0.8963	0.6499	0.8700
	0.2000	0.9003	0.9496	0.9400	0.8552	0.9995	0.8899
	0.9850	0.9400	0.3500	0.7402	0.8901	0.8845	0.9949

数据序号	71~80	81~90	91~100	101~110	111~120	121~130	131~140
相似度	0.8845	0.9798	0.9498	0.9197	0.8206	0.9103	0.9701
	0.8845	0.9599	0.9648	0.9853	0.8952	0.8845	0.9699
	0.7828	0.9501	0.8701	0.9599	0.9706	0.9349	
	0.8352	0.9500	0.9749	0.9650	0.9501	0.9600	
	0.8750	0.9349	0.9448	0.8305	0.9451	0.9899	
	0.7826	0.8703	0.7882	0.9451	0.9751	0.9400	
	0.8845	0.8352	0.9300	0.8350	0.8700	0.8748	
	0.8849	0.8255	0.9451	0.9501	0.9398	0.8900	
	0.9400	0.8845	0.9750	0.9201	0.7970	0.8600	
	0.9250	0.8401	0.9799	0.7970	0.9297	0.8350	

综上所述,根据表 6.4~表 6.6 相似度计算结果,感知推荐信任的调研

值与模型计算结果间的平均相似度为91.1%，感知经验信任的调研值与模型计算结果间的平均相似度为82.7%，而感知信任综合值的调研数据与模型输出结果的平均相似度为86.5%，证明本书的模型能够有效地预测消费者的感知推荐信任、感知经验信任以及感知信任综合值。

二、消费者对商品感知信任的调研结果分析

（一）消费者的感知推荐信任

被试对于推荐的影响力属性要素 ｛感知相似度，感知权威程度，感知信誉｝的平均权重集合为 ｛0.228，0.465，0.307｝，说明消费者在网购免调试助听器决策上，推荐者认为推荐者的权威程度和信誉对消费者的影响非常大，推荐者与消费者的相似度的影响力则小一些，体现了免调试助听器商品的特点，说明消费者对该商品在功能性上的需求非常高，而权威人士如医生的推荐在感知推荐信任的形成中起到至关重要的作用。

对调研收集到的数据进行统计，当推荐者提供的推荐信息直觉模糊集为 $r=<0.7，0.1>$ 时，消费者的感知推荐信任直觉模糊集 $\widehat{TR}$ 的均值为 $<0.636，0.210>$，说明消费者根据隶属度较高的推荐信息能够建立比较明确的感知推荐信任，且感知推荐信任的隶属度比较高。这说明，对于免调试助听器这种特殊的商品来说，其他消费者的在线口口相传对感知信任的形成具有重要影响。

（二）消费者的感知经验信任

被试对案例企业和主营商品在商家信誉、商品说明详细程度、商品评价

数量和商品评价四方面的平均权重集合为 $\{0.208，0.235，0.252，0.305\}$，说明消费者在网购免调试助听器上，首先看重的是过往消费者对该商品使用效果的反馈；其次是购买人数多少，从侧面反映了消费者的从众心理；最后是商品说明的详细程度，说明消费者需要详细了解该商品的功能性，但由于免调试助听器信息的专业程度、商品的特殊性，以及消费者对该商品的不熟悉，过往购买人数和评价的重要性高于商品说明的详细程度。在四个影响因素中，商家信誉的权重最低，说明消费者对该商品更倾向于根据过往消费者的感受来判断，而不是商家的信誉。上述感知经验信任的关键影响因素的权重调研结果进一步表明，在免调试助听器的营销过程中，其他消费者的体验起到了决定性的作用，同时印证了案例企业采用社交网络来辅助营销具有较高可行性。

被试根据过往交易决策经验对案例商家所售商品的感知经验信任直觉模糊集 $\widehat{T(Q)}$ 的均值为<0.538，0.228>，说明消费者根据商家和商品的具体信息，并结合个体过往经验建立的感知经验信任隶属度较高，具有比较明确的信任意向。但是，非隶属度和犹豫度的总和为 0.462，略低于隶属度，说明被试认为根据感知经验信任可能不足以做出交易决策。

（三）消费者感知信任的融合值

根据调研结果，被试将感知经验信任与感知推荐信任相融合，建立的感知信任融合值直觉模糊集均值为<0.577，0.278>，表明消费者根据他人推荐和过往经验建立的感知信任隶属度比较高，消费者能够建立交易决策的可能性较高。

三、案例企业社会化营销策略分析

调研结果显示，案例企业采取社会化商务方式推广其主营商品，通过在线口口相传而建立消费者感知信任是行之有效的。如果商家选用的推荐者权威程度和信誉较高，推荐信息中信任意向非常明确，则能够更为有效地建立消费者的感知信任。考虑到感知经验信任对感知信任融合值的影响，对于没有在网上购买过助听器类似商品，甚至没有网购电子产品的消费者来说，其感知经验信任度近乎为 0，则商家采用社交网络推广商品时，消费者获得感知信任融合值等于感知推荐信任值，推广成效更为显著。

从信息扩散角度看，通过推荐者的用户生成内容在社交网络平台上进行推广，能够扩大商品的宣传受众。如果单纯在淘宝平台上销售，只有明确需要免调试助听器的消费者才会搜索商品信息，进而进店了解商品。但是，由于老年性耳聋病症的特殊性，对于老年性耳聋初期患者的家属来说，很可能认为"耳背"是人体衰老的正常现象不需要治疗，未想到要购买助听器从而错过最佳治疗时期。如果消费者在社交媒体上看到商品信息，特别是关于老年性耳聋初期患者使用案例企业免调试助听器的体验信息，可能会让更多的消费者关注该病症，有意愿去了解案例企业的商品，从而吸引流量，提高淘宝店的进店率和转化率。

将传统电子商务转化为社会化商务方式的同时，案例企业应积极鼓励消费者在体验商品后，在淘宝上发布使用心得，并详细介绍免调试助听器在功能性、便捷性和舒适性等方面的具体感受，从而提高消费者的感知经验信任，解决案例企业进店消费者转化率低的问题。

第四节　本章小结

　　本章通过案例分析，对某销售免调试助听器的电子商务商家进行访谈，针对老年性耳聋的疾病特点和案例企业经营中面临的难题，以调查问卷的形式对消费者通过社交网络建立的感知经验信任、感知推荐信任和感知信任融合值进行测量，为案例企业提高进店率和转化率提供策略，并通过调研数据进一步验证了本书构建的模型的有效性。

第七章　结论与展望

第一节　结　论

　　本书对社会化商务中消费者的感知信任传递问题进行研究，对社交网络中消费者感知信任和信任传递的特点及复杂性进行深入分析，将传统的"信任传递计算—信任融合计算"两阶段模型扩展为"信任传递—聚类—融合"三阶段模型，以直觉模糊集为基础构建感知信任传递模型。模型主要包括以下三部分：

　　第一，在信任传递阶段，针对消费者感知信任的模糊性、多维性和多因素性，考虑信任传递两方参与主体的特质而构建感知推荐信任直觉模糊集，用直觉模糊集刻画消费者感知信任，并在此基础上借鉴多属性决策方法研究思路，引入消费者信任倾向，从而将客观的推荐信息转化为消费者差异化的感知推荐信任，体现了感知信任的主观性和模糊性。通过 6 组数据分析感知推荐信任直觉模糊集的不同结果和规律，验证了不同参数对感知信任的影响。

第二，在聚类阶段，针对社交网络的高动态性和推荐信息的海量化特点，以及社交网络关系与感知推荐信任无法同时处理的难题，从社交网络中抽取出关系亲密度和感知推荐信任相似度网络，将聚类问题转化为复杂网络聚簇划分问题，构建关系导向型感知推荐信任聚类方法，并通过仿真实验证明了该方法的有效性。

第三，在融合阶段，针对消费者感知信任的多源性特点，考虑从众行为对感知推荐信任的多个聚类进行融合，考虑消费者过往交易决策的情境性，改进基于案例的决策理论并计算消费者的感知经验信任，然后引入锚定理论对感知经验信任融合值和感知经验信任进行融合计算。通过算例分析，验证了多次过往交易决策经验对感知经验信任的影响，以及感知经验信任与感知推荐信任融合值之间的距离起到的调节作用。

本书通过调研方式发放调查问卷收集调研数据，以有效的调研数据作为本书构建模型的输入值，对比调研数据与计算结果，证明了模型的有效性。

第二节　创新点

本书构建的模型将多属性决策、谱平分方法和基于案例的决策方法等相结合，将消费者感知信任形成的心理因素和社交网络的结构融入模型中，为社会化商务中消费者感知信任的度量提供新方法，为社会化商务中消费者感知信任的分析及营销策略的制定提供方法支持，对多学科交叉有意义。本书主要创新性成果有以下三个方面：

第一，提出"先聚类，后融合"的思路构建社会化商务中消费者感知信任模糊传递模型，解决传统信任传递模型难以应用于大规模社交网络的难题，改进信任传递模型的传统模型框架，为平台或商家预测消费者感知信任和制定精准营销策略提供方法支持。

社会化商务消费者感知信任传递具有推荐信息海量化及网络高动态性，以及消费者感知信任主观性和模糊性强等特点，针对传统信任传递模型难以刻画消费者感知信任多维性，以及信任传递计算过程难以适用于大规模社交网络的难题，本书提出"先聚类，后融合"的思路，用直觉模糊集刻画消费者模糊的感知信任，将多属性决策方法、谱平分方法和基于案例的决策方法相结合，构建消费者感知信任传递模型。改进信任传递模型的传统模型框架，改变了计算机网络安全领域中信任度随传递路径衰减的既定模式，融入消费者感知信任的关键影响因素和社交网络结构，使信任传递模型能够应用于以人为主体的社会化商务背景，扩展了信任传递模型的应用领域，完善了信任传递的方法体系，为社会化商务平台或商家预测消费者通过在线口口相传建立的感知信任和制定精准营销策略提供方法支持。

第二，构建关系导向型感知推荐信任聚类方法，将感知推荐信任聚类问题转化为复合网络聚簇划分问题，为主体有属性的加权网络划分问题提供新思路，为商家和平台快速识别社交网络中消费者的信任意向提供方法支持。

对感知推荐信任快速聚类是实时处理社交网络中海量推荐信任的关键问题，针对聚类方法不能体现社交网络中的主体间关系，而网络划分方法仅能体现网络结构而无法融入感知推荐信任这一难题，本书构建关系导向型感知推荐信任聚类方法，从社交网络中抽取关系亲密度和感知推荐信任相似度复合网络，将感知推荐信任聚类问题转化为复合网络聚簇划分问题，从复杂网络视角构建聚类方法，实现在考虑社交网络社会关系的同时对感知推荐信任进行快速聚类，该方法不需事先指定聚类中心或数量，因而聚类结果客观准确。同时，该方法能够适应规模庞大、用户生成内容海量化且动态性强的社交网络环境，为社会化商务的商家和平台快速识别社交网络中消费者的信任意向及种类提供方法支持。

第三，引入锚定理论和基于案例的决策理论构建考虑消费者经验的多源信任融合模糊模型，有助于完善信任管理理论体系，为社会化商务平台做出精准推荐提供方法支持。

针对消费者感知信任多源性特点带来的信任传递融合难问题，构建考虑消费者经验的多源信任融合模糊模型，引入锚定理论和基于案例的决策理论，融合消费者的感知推荐信任和感知经验信任。

首先，针对决策的情境性和模糊性带来的感知经验信任度量难问题，扩展基于案例的决策理论并与直觉模糊集相结合以度量消费者的感知经验信任。

其次，考虑推荐者数量对感知推荐信任的影响，引入从众行为对多个感知推荐信任聚类进行融合。

最后，引入锚定理论，按照感知推荐信任和感知经验信任之间的距离计算感知信任融合值。

本书研究方法，考虑到消费者感知信任的多源性，突破传统信任传递模型仅考虑他人推荐的局限性，使信任融合模型能够更好地体现人的主观性、差异性以及过往决策经验对新决策问题的影响。该研究有助于完善信任管理理论体系，更能够作为推荐系统的内核，为社会化商务平台根据消费者过往交易决策和体验水平做出精准推荐提供方法支持，特别是当消费者所在的社交网络中缺乏他人推荐信息时，可解决推荐系统的冷启动问题。

第三节　展望

近年来，社会化商务飞速发展带来了巨大的经济效益，并已成为中国电子商务发展的主要方向。社交媒体与电子商务的结合，改变了消费者感知信任的形成方式，口口相传的推荐成为消费者建立感知信任的主要依据。分析消费者感知信任并据此指定精准化营销策略，既是社会化商务发展需要解决的基本问题，也是社交网络规模庞大、用户生成内容海量化背景下，亟待解决的难点问题。因此，社会化商务中消费者感知信任传递模型研究具有极强的现实意义，也有广阔的理论研究空间。本书对该问题进行了探索性的研究，未来进一步的研究方向主要有以下两个方面：

第一，社会化商务中基于信任的推荐系统。社会化商务中商品信息极大丰富，为消费者提供了更多选择的同时也为消费者搜索心仪的商品带来了更大的困扰，构建有效的推荐系统具有重要的理论价值和应用价值，也是未来研究的主要方向。过往推荐系统多以消费者搜索或交易历史为依据，根据商品相似性为消费者提供推荐，或者构建信任评价体系构建基于信任的推荐系统，为消费者提供可信的商品推荐。然而，在社会化商务中，海量的用户生成内容、用户关注、点赞和转发行为，为构建推荐系统创造了新的可能。以本书提出的信任传递模型为基础，结合消费者的消费记录、对商家的评价，再加上消费者关注及点赞轨迹构建推荐系统，不仅能够准确预测消费者喜欢的商品，也可以计算消费者的交易决策，从而能够为消费者提供更加精准和有效的推荐。

第二，考虑冲突意见的信任融合方法。在不确定性决策环境下，消费者的感知风险较高，因而负面意见可能更具有影响力。对冲突意见的处理方法进行深入研究，构建考虑冲突意见的信任融合方法是下一步研究工作的重点。将消费者的风险感知及对待损失的感知效用与直觉模糊集和多属性决策方法相结合，构建考虑消费者感知风险的冲突信息融合模型，能够更好地反映消费者心理，并体现在信任传递过程中，促进消费者根据他人推荐建立感知信任的主观性。

参考文献

［1］ Stephen A. T. , Toubia O. Deriving value from social commerce networks [J]. Social Science Electronic Publishing, 2008, 47 (2): 215-228.

［2］ 卢云帆，鲁耀斌，林家宝，等. 社会化商务中顾客在线沟通研究：影响因素和作用规律 [J]. 管理评论，2014，26 (4): 111-121.

［3］ 张洪. 社会化商务环境下顾客交互行为研究 [D]. 华中科技大学博士学位论文，2014.

［4］ 尹进，胡祥培，郑毅. 基于主观逻辑方法的消费者多源信任融合模型 [J]. 管理科学，2017，30 (3): 75-82.

［5］ Hajli M. N. A study of the impact of social media on consumers [J]. International Journal of Market Research, 2014, 56 (56): 388-404.

［6］ 冯娇，姚忠. 基于强弱关系理论的社会化商务购买意愿影响因素研究 [J]. 管理评论，2015，27 (12): 99-109.

［7］ 陶晓波，杨学成，许研. 社会化商务研究述评与展望 [J]. 管理评论，2015，27 (11): 75-85.

［8］ 徐军. 面向移动商务的多维异质推荐信任评估模型 [J]. 运筹与管理，2017，26 (6): 155-162.

［9］ Jøsang A. The right type of trust for distributed systems ［R］. Proceedings of the 1996 Workshop on New Security Paradigms. ACM, 1996.

［10］ Blaze M., Feigenbaum J., Lacy J. Decentralized trust management ［C］. IEEE Symposium on Security & Privacy, 1996: 156-178.

［11］ Wang C., Zhang P. The evolution of social commerce: The people, business, technology, and information dimensions ［J］. Communications of the Association for Information Systems, 2012, 31 (5): 105-127.

［12］ Huang Z., Benyoucef M. From e-commerce to social commerce: A close look at design features ［J］. Electronic Commerce Research & Applications, 2013, 12 (4): 246-259.

［13］卢云帆，刘静文，崔淑芬，等. 社会化沟通对不满意消费者再次购买的影响研究 ［J］. 管理学报，2015，12 (5): 750-756.

［14］张洪，鲁耀斌，闫艳玲. 社会化购物社区技术特征对购买意向的影响研究 ［J］. 科研管理，2017，38 (2): 84-92.

［15］张洪，鲁耀斌，向纯洁. 社会化商务环境下消费者参与意向研究: 基于体验的视角 ［J］. 管理工程学报，2017，31 (2): 40-46.

［16］ Chen A., Lu Y., Wang B. Customers' purchase decision-making process in social commerce: A social learning perspective ［J］. International Journal of Information Management, 2017, 37 (6): 627-638.

［17］ Yadav M. S., Valck K. D., Hennig-Thurau T. Social commerce: A contingency framework for assessing marketing potential ［J］. Journal of Interactive Marketing, 2013, 27 (4): 311-323.

［18］ Zhang K. Z. K., Benyoucef M. Consumer behavior in social commerce: A literature review ［J］. Decision Support Systems, 2016, 86 (C): 95-108.

[19] 高琳，李文立，柯育龙．社会化商务中网络口碑对消费者购买意向的影响：情感反应的中介作用和好奇心的调节作用 [J]．管理工程学报，2017，31（4）：15-25.

[20] Zhang K. Z. K.，Benyoucef M.，Zhao S. J. Building brand loyalty in social commerce：The case of brand microblogs [J]. Electronic Commerce Research & Applications，2016（15）：14-25.

[21] 耿荣娜．社会化电子商务用户信息采纳过程及影响因素研究 [D]．吉林大学博士学位论文，2017.

[22] Shanmugam M.，Sun S.，Amidi A.，et al. The applications of social commerce constructs [J]. International Journal of Information Management，2016，36（3）：425-432.

[23] 林家宝，胡倩，鲁耀斌．社会化商务特性对消费者决策行为的影响研究——基于关系管理的视角 [J]．商业经济与管理，2017（1）：52-63.

[24] 方文侃，周涛．社会交互对社会化商务用户行为作用机理研究 [J]．情报杂志，2017，36（1）：167-172.

[25] 周军杰．社会化商务背景下的用户粘性：用户互动的间接影响及调节作用 [J]．管理评论，2015，27（7）：127-136.

[26] Lu B.，Fan W.，Zhou M. Social presence，trust，and social commerce purchase intention：An empirical research [J]. Computers in Human Behavior，2016（56）：225-237.

[27] Hajli N. Social commerce constructs and consumer's intention to buy [J]. International Journal of Information Management，2015，35（2）：183-191.

[28] Shanmugam M.，Sun S.，Amidi A.，et al. The applications of social

commerce constructs〔J〕. International Journal of Information Management，2016，36（3）：425-432.

〔29〕Chen J. , Shen X. L. Consumers' decisions in social commerce context〔J〕. Decision Support Systems，2015，79（C）：55-64.

〔30〕黄敏学，王峰，谢亭亭. 口碑传播研究综述及其在网络环境下的研究初探〔J〕. 管理学报，2010，7（1）：138-146.

〔31〕Dellarocas C. The digitization of Word of Mouth：Promise and challenges of online feedback mechanisms〔J〕. Management Science，2003，49（10）：1407-1424.

〔32〕Gibreel O. , Alotaibi D. A. , Altmann J. Social commerce development in emerging markets〔J〕. Electronic Commerce Research & Applications，2018（27）：152-162.

〔33〕Kim S. , Park H. Effects of various characteristics of social commerce（s-commerce）on consumers' trust and trust performance〔J〕. International Journal of Information Management，2013，33（2）：318-332.

〔34〕左文明，王旭，樊偿. 社会化电子商务环境下基于社会资本的网络口碑与购买意愿关系〔J〕. 南开管理评论，2014，17（4）：140-150.

〔35〕Lewicki R. J. , Mcallister D. J. , Bies R. J. Trust and distrust：New relationships and realities〔J〕. Academy of Management Review，1998，23（3）：438-458.

〔36〕Mcknight D. H. , Kacmar C. J. , Choudhury V. Dispositional trust and distrust distinctions in predicting high-and low-risk internet expert advice site perceptions〔J〕. e-Service Journal，2004，3（2）：35-58.

〔37〕Kramer R. M. Trust and distrust in organizations：Emerging perspectives, enduring questions [J]. Annual Review of Psychology, 1999, 50 (50): 569-598.

[38] Luhmann N. Trust and power [M]. Chichester, Toronto: Wiley, 1979.

[39] Guha R., Kumar R., Raghavan P. Propagation of trust and distrust [C]. International Conference on World Wide Web, 2004: 159-188.

[40] Lewicki R. J., Mcallister D. J., Bies R. J. Trust and distrust: New relationships and realities [J]. Academy of Management Review, 1998, 23 (3): 438-458.

[41] Pavlou P. A., Gefen D. Psychological contract violation in online marketplaces: Antecedents, consequences, and moderating role [J]. Information Systems Research, 2005, 16 (4): 372-399.

[42] Dimoka A. What does the brain tell us about trust and distrust? evidence from a functional neuroimaging study [J]. MIS Quarterly, 2010, 34 (2): 373-396.

[43] Stewart K. J. Trust transfer on the World Wide Web [J]. Organazation Science, 2003, 14 (1): 5-17.

[44] 林家宝, 鲁耀斌, 章淑婷. 网上至移动环境下的信任转移模型及其实证研究 [J]. 南开管理评论, 2010, 13 (3): 80-89.

[45] Lee K. C., Kang I., McKnight D. H. Transfer from offline trust to key online perceptions: An empirical study [J]. IEEE Transactions on Engineering Management, 2007, 54 (4): 729-741.

[46] 杨庆, 黄丽华, 徐运杰. Role of trust transfer in e-commerce acceptance [J]. 清华大学学报自然科学版 (英文版), 2008, 13 (3): 279-286.

［47］ Kuan H. H. , Bock G. W. Trust transference in brick and click retailers: An investigation of the before-online-visit phase ［J］. Information & Management, 2007, 44（2）: 175-187.

［48］ Lin J. , Lu Y. , Wang B. , Wei K. The role of inter-channel trust transfer in establishing mobile commerce trust ［J］. Electronic Commerce Research & Applications, 2011, 10（6）: 615-625.

［49］ Sang Y. , Blecha F. Dynamics between the trust transfer process and intention to use mobile payment services: A cross-environment perspective ［J］. Information and Management, 2011, 48（8）: 393-403.

［50］ Lin J. B. , Lu Y. B. , Wang B. The role of inter-channel trust transfer in establishing mobile commerce trust ［J］. Electronic Commerce Research and Applications, 2011, 10（6）: 615-625.

［51］ Beth T. , Borcherding M. , Klein B. Valuation of trust in open networks ［C］. European Symposium on Research in Computer Security, 1994: 201-223.

［52］ Bharadwaj K. K. , Al-Shamri M. Y. H. Fuzzy computational models for trust and reputation systems ［J］. Electronic Commerce Research & Applications, 2009, 8（1）: 37-47.

［53］ 李健利, 高勇, 霍光磊, 等. 基于声誉的 P2P 信任系统 ［J］. 计算机应用, 2011, 31（1）: 147-150.

［54］ 吴鹏, 吴国新, 方群. 一种基于概率统计方法的 P2P 系统信任评价模型 ［J］. 计算机研究与发展, 2008, 45（3）: 408-416.

［55］ Sun Y. L. , Yu W. , Han Z. Information theoretic framework of trust mo-deling and evaluation for ad hoc networks ［J］. IEEE Journal on Selected Areas in Communications，2006，24（2）：305-317.

［56］鄢章华，滕春贤，刘蕾．供应链信任传递机制及其均衡研究［J］.管理科学，2010，23（6）：64-71.

［57］Dempster A. P. Upper and lower probability inferences based on a sample from a finite univariate population［J］. Biometrika，1967，54（3/4）：515-528.

［58］James Inglis S. A mathematical theory of evidence［J］. Technometrics，1976，20（1）：106.

［59］田博，覃正．B2C 电子商务中基于 D-S 证据融合理论的推荐信任评价模型［J］. 管理科学，2008，21（5）：98-104.

［60］成坚，冯仁剑，许小丰，等．基于 D-S 证据理论的无线传感器网络信任评估模型［J］. 传感技术学报，2009，22（12）：1802-1807.

［61］Voorbraak F. On the justification of dempster's rule of combination［J］. Artificial Intelligence，1991，48（2）：171-197.

［62］梁昌勇，陈增明，黄永青，等．Dempster-Shafer 合成法则悖论的一种消除方法［J］. 系统工程理论与实践，2005，25（3）：7-12.

［63］Jøang A. The consensus operator for combining beliefs［J］. Artificial Intelligence，2002，141（1）：157-170.

［64］王进，孙怀江．基于 Jøsang 信任模型的信任传递与聚合研究［J］. 控制与决策，2009，24（12）：1885-1889.

［65］谢福鼎，周晨光，张永，等．应用主观逻辑的无线传感器网络信任更新算法［J］. 计算机科学，2011，38（9）：50-54.

［66］王良民，郭渊博，詹永照．容忍入侵的无线传感器网络模糊信任评估模型［J］. 通信学报，2010，31（12）：37-44.

［67］饶岫，王勇．基于 P2P 网络的动态模糊综合信任模型［J］. 计算机应用，2011，31（1）：139-142.

［68］Bharadwaj K. K., Al-Shamri M. Y. H. Fuzzy computational models for trust and reputation systems［J］. Electronic Commerce Research & Applications, 2009, 8（1）: 37-47.

［69］唐文，陈钟．基于模糊集合理论的主观信任管理模型研究［J］. 软件学报，2003，14（8）：1401-1408.

［70］Li Y. M., Kao C. P. TREPPS: A Trust-based recommender system for peer production services［J］. Expert Systems with Applications, 2009, 36（2）: 3263-3277.

［71］Bharadwaj K. K., Al-Shamri M. Y. H. Fuzzy computational models for trust and reputation systems［J］. Electronic Commerce Research & Applications, 2009, 8（1）: 37-47.

［72］Oliver R., Peixoto T. P., Matjaz P. Trust transitivity in social networks［J］. Plos One, 2011, 6（4）: 18384-18401.

［73］Liu G., Wang Y., Orgun M. A. A heuristic algorithm for trust-oriented service provider selection in complex social networks［C］. IEEE International Conference on Services Computing, 2010: 23-48.

［74］Kim Y. A., Song H. S. Strategies for predicting local trust based on trust propagation in social networks［J］. Knowledge-Based Systems, 2011, 24（8）: 1360-1371.

［75］Liu G., Wang Y., Orgun M. A. Trust transitivity in complex social networks［C］. AAAI Conference on Artificial Intelligence, 2011: 201-235.

［76］Guo S., Wang M., Leskovec J. The role of social networks in online shopping: Information passing, price of trust, and consumer choice [J]. Eprint Arxiv, 2011 (1): 157-166.

[77] Walter F. E. , Battiston S. , Schweitzer F. A model of a trust-based recommendation system on a social network [M]. Dordrecht: Kluwer Academic Publishers, 2008.

[78] Li Y. M. , Chen C. W. A synthetical approach for blog recommendation: Combining trust, social relation, and semantic analysis [J]. Expert Systems with Applications, 2009, 36 (3): 6536-6547.

[79] Atanassov K. T. Intuitionistic fuzzy sets [J]. Fuzzy Sets Syst, 2012, 20 (1): 87-96.

[80] Zadeh L. A. Fuzzy sets [J]. Information & Control, 1965, 8 (3): 338-353.

[81] Bustince H. , Burillo P. Vague sets are intuitionistic fuzzy sets [M]. Amsterdam Elsevier North-Holland, Inc. , 1996.

[82] 徐泽水. 直觉模糊偏好信息下的多属性决策途径 [J]. 系统工程理论与实践, 2007, 27 (11): 62-71.

[83] 徐泽水, 达庆利. 多属性决策的组合赋权方法研究 [J]. 中国管理科学, 2002, 10 (2): 84-87.

[84] 刘满凤, 任海平. 基于一类新的直觉模糊熵的多属性决策方法研究 [J]. 系统工程理论与实践, 2015, 35 (11): 2909-2916.

[85] Xu Z. Some similarity measures of intuitionistic fuzzy sets and their applications to multiple attribute decision making [M]. Dordrecht: Kluwer Academic Publishers, 2007.

[86] Wei G. W. GRA method for multiple attribute decision making with in-

complete weight information in intuitionistic fuzzy setting [J]. Knowledge-Based Systems, 2010, 23 (3): 243-247.

[87] Szmidt E., Kacprzyk J. Intuitionistic fuzzy sets in group decision making [J]. Control & Cybernetics, 2002, 31 (4): 1037-1053.

[88] Liao H., Xu Z., Zeng X. J., et al. An enhanced consensus reaching process in group decision making with intuitionistic fuzzy preference relations [J]. Information Sciences, 2016, 329 (C): 274-286.

[89] 代文锋, 仲秋雁, 贺冬冬. 基于证据推理的直觉模糊多属性群决策方法 [J]. 运筹与管理, 2017, 26 (9): 1-6.

[90] 李喜华. 基于前景理论的复杂大群体直觉模糊多属性决策方法 [D]. 中南大学博士学位论文, 2012.

[91] 顾婧, 任珮嘉, 徐泽水. 基于直觉模糊层次分析的创业投资引导基金绩效评价方法研究 [J]. 中国管理科学, 2015, 23 (9): 124-131.

[92] 姚远. 基于直觉模糊集的创新生态位适宜度评价方法研究 [D]. 辽宁大学博士学位论文, 2016.

[93] Liu Y., Bi J. W., Fan Z. P. Ranking products through online reviews: A method based on sentiment analysis technique and intuitionistic fuzzy set theory [J]. Information Fusion, 2017 (36): 149-161.

[94] 徐军, 钟元生, 朱文强. 一种基于直觉模糊理论的多维信任传递模型 [J]. 小型微型计算机系统, 2015, 36 (12): 2714-2718.

[95] Fiedler M. Algebraic connectivity of graphs [J]. Czechoslovak Mathematical Journal, 1973, 23 (23): 298-305.

[96] 汪小帆. 复杂网络理论及其应用 [M]. 北京: 清华大学出版社, 2006.

[97] Capocci A., Servedio V. D. P., Caldarelli G., et al. Detecting communities in large networks [J]. Physica A Statistical Mechanics & Its Applications, 2005, 352 (2-4): 669-676.

[98] 蔡晓妍, 戴冠中, 杨黎斌. 谱聚类算法综述 [J]. 计算机科学, 2008, 35 (7): 14-18.

[99] 谢福鼎, 张磊, 嵇敏, 等. 一种基于谱平分法的社团划分算法 [J]. 计算机科学, 2009, 36 (11): 186-188.

[100] 张燕平, 王杨, 赵姝. 应用 Normal 矩阵谱平分法的多社团发现 [J]. 计算机工程与应用, 2010, 46 (27): 43-45.

[101] 姜荣, 赵凤霞, 谢福鼎, 等. 一种基于 Normal 矩阵的时间序列聚类方法 [J]. 计算机应用研究, 2010, 27 (8): 2926-2928.

[102] Simon H. A. A behavioral model of rational choice [J]. Quarterly Journal of Economics, 1955, 69 (1): 99-118.

[103] Soucek R., Moser K. Coping with information overload in email communication: Evaluation of a training intervention [J]. Computers in Human Behavior, 2010, 26 (6): 1458-1466.

[104] Dimoka A. What does the brain tell us about trust and distrust? evidence from a functional neuroimaging study [J]. MIS Quarterly, 2010, 34 (2): 373-396.

[105] Wang S. W., Ngamsiriudom W., Hsieh C. H. Trust disposition, trust antecedents, trust, and behavioral intention [J]. Service Industries Journal, 2015, 35 (10): 555-572.

[106] Mcknight D. H., Choudhury V., Kacmar C. Developing and validating trust measures for e-commerce: An integrative typology [J]. Information Sys-

tems Research, 2002, 13 (3): 334-359.

[107] Berger J. Word of mouth and interpersonal communication: A review and directions for future research [J]. Journal of Consumer Psychology, 2014, 24 (4): 586-607.

[108] Shin D. User experience in social commerce: In friends we trust [J]. Behaviour & Information Technology, 2013, 32 (1): 52-67.

[109] 刘志明, 刘鲁. 微博网络舆情中的意见领袖识别及分析 [J]. 系统工程, 2011 (6): 8-16.

[110] Summers J. O. The identity of women's clothing fashion opinion leaders [J]. Journal of Marketing Research, 1970, 7 (2): 178-185.

[111] Voyer P. A. Word-of-mouth processes within a services purchase decision context [J]. Journal of Service Research, 2000, 3 (2): 166-177.

[112] 梦非. 社会化商务环境下意见领袖对购买意愿的影响研究 [D]. 南京大学博士学位论文, 2012.

[113] Friedman H., Friedman L. Endorser effectiveness by product type [J]. Journal of Advertising Research, 1979, 5 (19): 63-71.

[114] Golbeck J. Trust and nuanced profile similarity in online social networks [J]. Acm Transactions on the Web, 2009, 3 (4): 1-33.

[115] Falasi H. A., Masud M. M., Mohamed N. Trusting the same: Using similarity to establish trust among vehicles [C]. International Conference on Collaboration Technologies and Systems, 2015.

[116] Ziegler C. N., Golbeck J. Investigating interactions of trust and interest similarity [M]. Amsterdam: Elsevier Science Publishers B. V., 2007.

[117] Yan S. R., Zheng X. L., Wang Y., et al. A graph-based compre-

hensive reputation model: Exploiting the social context of opinions to enhance trust in social commerce [J]. Information Sciences, 2015 (318): 51-72.

[118] Bente G., Baptist O., Leuschner H. To buy or not to buy: Influence of seller photos and reputation on buyer trust and purchase behavior [J]. International Journal of Human-Computer Studies, 2012, 70 (1): 1-13.

[119] Wang S., Huang L., Hsu C. H., et al. Collaboration reputation for trustworthy Web service selection in social networks [J]. Journal of Computer & System Sciences, 2016, 82 (1): 130-143.

[120] Bharadwaj K. K., Al-Shamri M. Y. H. Fuzzy computational models for trust and reputation systems [J]. Electronic Commerce Research & Applications, 2009, 8 (1): 37-47.

[121] Nuñez-Gonzalez J. D., Graña M., Apolloni B. Reputation features for trust prediction in social networks [J]. Neurocomputing, 2015, 166 (C): 1-7.

[122] Gefen D., Straub D. W. Consumer trust in B2C e-commerce and the importance of social presence: Experiments in e-Products and e-Services [J]. Omega, 2004, 32 (6): 407-424.

[123] Hajli M. Social commerce adoption model [C]. UK Academy for Information Systems Conference Processing, 2012.

[124] Weisberg J., Te'Eni D., Arman L. Past purchase and intention to purchase in e-commerce: The mediation of social presence and trust [J]. Internet Research Electronic Networking Applications & Policy, 2011, 21 (1): 82-96.

[125] Wu G., Hu X., Wu Y. Effects of perceived interactivity, perceived Web assurance and disposition to trust on initial online trust [J]. Journal of Com-

puter-mediated Communication, 2010, 16 (1): 1-26.

[126] Saadi R. , Hasan O. , Pierson J. M. Establishing trust beliefs based on a uniform disposition to trust [C]. International IEEE Conference on Signal-image Technologies & Internet-based System. IEEE, 2007.

[127] Yan S. R. , Zheng X. L. , Wang Y. A graph-based comprehensive reputation model: Exploiting the social context of opinions to enhance trust in social commerce [J]. Information Sciences, 2015 (318): 51-72.

[128] Granovetter M. , Soong R. Threshold models of interpersonal effects in consumer demand [J]. Journal of Economic Behavior & Organization, 1986, 7 (1): 83-99.

[129] Liu Y. , Sutanto J. Buyers' purchasing time and herd behavior on deal-of-the-day group-buying websites [J]. Electronic Markets, 2012, 22 (2): 83-93.

[130] Chen Y. F. Herd behavior in purchasing books online [J]. Computers in Human Behavior, 2008, 24 (5): 1977-1992.

[131] See-To E. W. K. , Ho K. K. W. Value co-creation and purchase intention in social network sites: The role of electronic Word-of-Mouth and trust-A theoretical analysis [J]. Computers in Human Behavior, 2014, 31 (1): 182-189.

[132] Hajli M. , Khani F. Establishing trust in social commerce through social Word of Mouth [C]. 7th International Conference on e-Commerce in Developing Countries: With focus on e-security. IEEE, 2013: 1-22.

[133] Chen J. V. , Su B. C. , Widjaja A. E. Facebook C2C social commerce: A study of online impulse buying [J]. Decision Support Systems, 2016

（83）：57-69.

［134］ Wang Y., Yu C. Social interaction-based consumer decision-making model in social commerce ［M］. Amsterdam：Elsevier Science Publishers B. V.，2017.

［135］ Tversky A.，Kahneman D. Judgment under uncertainty：Heuristics and biases ［M］. Amsterdam Morgan Kaufmann Publishers Inc.，1990.

［136］韩金星，张喆，古晨妍. 网络团购中消费者社会互动对团购信任的影响 ［J］. 管理评论，2016，28（9）：148-162.

［137］ Keysar B. Taking perspective in conversation：The role of mutual knowledge in comprehension ［J］. Psychol Sci，2000，11（1）：32-38.

［138］ Epley N.，Keysar B.，Van B. L.，et al. Perspective taking as egocentric anchoring and adjustment ［J］. Social Science Electronic Publishing，2004，87（3）：327.

［139］ Grosskopf B.，Sarin R.，Watson E. An experiment on case-based decision making ［J］. Theory & Decision，2015，79（4）：639-666.

［140］ Guerdjikova A. Case-based decision theory ［J］. Special Issue Dedicated to David Schmeidler，2009，71（2）：283-306.

［141］ 国家统计局. 中华人民共和国 2017 年国民经济和社会发展统计公报 ［EB/OL］. http：//www. stats. gov. cn/tjsj/zxfb/201802/t20180228_1585631. html.

［142］搜狐健康老人. 半数以上中老年人听力会下降，您知道原因么？［EB/OL］. http：//www. sohu. com/a/145894227_441266.

［143］中国心血管病报告编写组.《中国心血管病报告 2017》概要 ［J］. 中国循环杂志，2018，1（33）：1-8.

［144］海之声省医验配中心．父母听力损失的 4 个时期，越早干预效果越好［EB/OL］. http：//www. sohu. com/a/163052403_642122.

［145］胡岢．老年性耳聋的研究进展［J］. 中国听力语言康复科学杂志，2005（2）：8-11.

［146］助听器行业"研发在外，组装在内"2017 年规模增长 18%［EB/OL］. 中国产业信息网，http：//www. chyxx. com/industry/201809/674022. html.

附　录

一、免调试助听器淘宝 30 天内付款人数截图

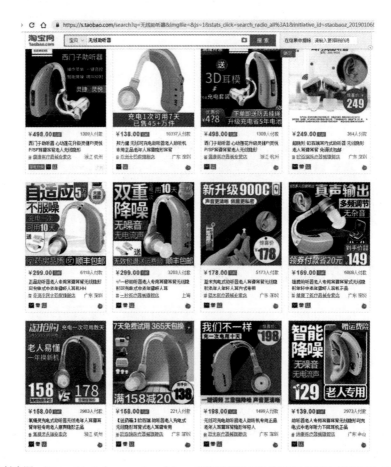

资料来源：https：//s. taobao. com/search？ q=% E6% 97% A0% E7% BA% BF% E5% 8A% A9% E5%
90% AC% E5% 99% A8&imgfile = &js = 1&stats _ click = search _ radio _ all% 3A1&initiative _ id = staobaoz _
20190106&ie=utf8.

二、家用血压仪淘宝 30 天内付款人数截图

资料来源：https：//s. taobao. com/search？ q＝% E8% A1% 80% E5% 8E% 8B% E4% BB% AA&img
file＝&js＝1&stats_click＝search_radio_all%3A1&initiative_id＝staobaoz_20190106&ie＝utf8.

三、社会化商务感知推荐信任调研数据及模型输出值

序号	调研值（百分制）			计算值			序号	调研值（百分制）			计算值		
1	60	15	25	0.6468	0.2120	0.1412	18	70	15	15	1.0000	0.0000	0.0000
2	60	20	20	0.6794	0.2318	0.0888	19	75	15	10	0.7881	0.1819	0.0300
3	60	25	15	0.6498	0.1626	0.1876	20	55	30	15	0.5550	0.3494	0.0956
4	65	10	25	0.6971	0.1956	0.1073	21	70	15	15	0.7251	0.1952	0.0796
5	70	15	15	0.7161	0.1966	0.0873	22	70	20	10	0.7167	0.2200	0.0633
6	63	18	19	0.6800	0.2297	0.0903	23	73	18	9	0.7887	0.1624	0.0489
7	65	20	15	0.6827	0.1407	0.1766	24	86	14	0	1.0000	0.0000	0.0000
8	75	20	5	0.8298	0.1702	0.0000	25	50	30	20	0.5428	0.3893	0.0679
9	70	20	10	0.8412	0.1588	0.0000	26	70	20	10	0.7251	0.1341	0.1408
10	70	20	10	0.7894	0.1244	0.0862	27	65	20	15	0.6700	0.2841	0.0459
11	60	20	20	0.5819	0.2392	0.1789	28	70	20	10	0.7456	0.1392	0.1152
12	55	40	5	0.5000	0.4311	0.0689	29	65	15	20	0.7920	0.1391	0.0690
13	67	20	13	0.7057	0.2061	0.0882	30	45	50	5	0.3828	0.6172	0.0000
14	70	20	10	0.9546	0.0376	0.0078	31	55	30	15	0.5809	0.2069	0.2122
15	45	35	20	0.4620	0.3580	0.1800	32	80	10	10	1.0000	0.0000	0.0000
16	80	10	10	1.0000	0.0000	0.0000	33	45	50	5	0.4041	0.5959	0.0000
17	50	32	18	0.4735	0.2853	0.2412	34	63	20	17	0.6940	0.1843	0.1217

序号	调研值（百分制）			计算值			序号	调研值（百分制）			计算值		
35	90	5	5	1.0000	0.0000	0.0000	54	80	15	5	1.0000	0.0000	0.0000
36	80	15	5	0.8570	0.1430	0.0000	55	35	35	30	0.5012	0.2542	0.2445
37	60	25	15	0.6431	0.2586	0.0983	56	58	29	13	0.5736	0.4264	0.0000
38	60	20	20	0.7788	0.1321	0.0892	57	55	25	20	0.6014	0.2732	0.1254
39	65	20	15	0.7518	0.1501	0.0981	58	75	10	15	1.0000	0.0000	0.0000
40	52	34	14	0.5609	0.2307	0.2084	59	88	10	2	0.8856	0.1144	0.0000
41	60	25	15	0.6104	0.3339	0.0557	60	60	25	15	0.6468	0.2120	0.1412
42	55	27	18	0.5965	0.2660	0.1376	61	65	35	0	0.6745	0.1883	0.1372
43	77	15	8	1.0000	0.0000	0.0000	62	70	20	10	0.6618	0.1895	0.1487
44	60	30	10	0.6302	0.3698	0.0000	63	65	15	20	0.6799	0.1773	0.1427
45	51	29	20	0.6094	0.1620	0.2286	64	68	15	17	0.6670	0.1789	0.1540
46	90	7	3	1.0000	0.0000	0.0000	65	56	32	12	0.6468	0.2120	0.1412
47	84	12	4	0.8554	0.1001	0.0445	66	60	25	15	0.6689	0.1597	0.1714
48	55	17	28	0.5354	0.3067	0.1579	67	55	18	27	0.6657	0.1962	0.1381
49	55	37	8	0.6118	0.2212	0.1669	68	63	16	21	0.6742	0.1631	0.1627
50	55	15	30	0.4840	0.1729	0.3431	69	70	10	20	0.6732	0.1751	0.1516
51	46	28	26	0.5333	0.2964	0.1702	70	60	20	20	0.6575	0.1847	0.1578
52	90	10	0	1.0000	0.0000	0.0000	71	55	28	17	0.6468	0.2120	0.1412
53	89	11	0	1.0000	0.0000	0.0000	72	70	5	25	0.6468	0.2120	0.1412

续表

序号	调研值（百分制）			计算值			序号	调研值（百分制）			计算值		
73	55	34	11	0.6748	0.2296	0.0957	92	60	25	15	0.6623	0.1935	0.1442
74	65	20	15	0.6614	0.2117	0.1269	93	69	20	11	0.6765	0.1628	0.1607
75	62	12	26	0.6532	0.1688	0.1781	94	56	30	14	0.6694	0.1803	0.1503
76	58	15	27	0.6748	0.2251	0.1001	95	60	24	16	0.6410	0.1873	0.1717
77	60	20	20	0.6468	0.2120	0.1412	96	55	37	8	0.6750	0.2278	0.0972
78	65	18	17	0.6645	0.1670	0.1686	97	60	20	20	0.6737	0.1844	0.1419
79	65	20	15	0.6713	0.1685	0.1602	98	50	35	15	0.6884	0.1870	0.1246
80	60	20	20	0.6570	0.1720	0.1710	99	50	30	20	0.6602	0.1847	0.1551
81	70	15	15	0.6669	0.1826	0.1506	100	55	29	16	0.6642	0.1865	0.1493
82	60	21	19	0.6603	0.1704	0.1694	101	58	30	12	0.6637	0.2042	0.1321
83	58	26	16	0.6759	0.1782	0.1460	102	55	30	15	0.6691	0.1977	0.1332
84	63	25	12	0.6673	0.1947	0.1381	103	67	18	15	0.6649	0.1721	0.1630
85	66	21	13	0.6768	0.1689	0.1543	104	58	23	19	0.6532	0.1581	0.1886
86	67	20	13	0.6533	0.1998	0.1469	105	65	16	19	0.6618	0.2123	0.1259
87	70	20	10	0.6614	0.2117	0.1269	106	70	13	17	0.6713	0.1874	0.1413
88	60	31	9	0.6618	0.2123	0.1259	107	62	18	20	0.6671	0.1641	0.1688
89	60	28	12	0.6468	0.2120	0.1412	108	65	15	20	0.6512	0.1722	0.1767
90	66	25	9	0.6614	0.2117	0.1269	109	55	25	20	0.6744	0.1707	0.1549
91	64	17	19	0.6829	0.1786	0.1386	110	65	20	15	0.6711	0.2208	0.1080

续表

序号	调研值（百分制）			计算值			序号	调研值（百分制）			计算值		
111	63	22	15	0.6634	0.2128	0.1238	122	58	15	27	0.6468	0.2120	0.1412
112	55	25	20	0.6505	0.1915	0.1580	123	60	18	22	0.6729	0.1634	0.1637
113	59	27	14	0.6624	0.2058	0.1318	124	70	12	18	0.6782	0.1803	0.1414
114	63	20	17	0.6612	0.1938	0.1449	125	60	20	20	0.6540	0.1843	0.1617
115	66	16	18	0.6676	0.1829	0.1495	126	60	29	11	0.6686	0.1764	0.1550
116	60	20	20	0.6608	0.1807	0.1585	127	65	15	20	0.6718	0.1682	0.1599
117	65	15	20	0.6668	0.1655	0.1677	128	67	18	15	0.6689	0.1788	0.1523
118	69	10	21	0.6763	0.1721	0.1517	129	58	12	30	0.6596	0.2047	0.1357
119	65	10	25	0.6711	0.2208	0.1080	130	60	20	20	0.6649	0.1659	0.1692
120	70	12	18	0.6698	0.1820	0.1481	131	70	5	25	0.6656	0.1827	0.1517
121	60	20	20	0.6673	0.1721	0.1606	132	62	17	21	0.6723	0.1665	0.1612

四、社会化商务感知经验信任调研数据及模型输出值

序号	调研值（百分制）			计算值			序号	调研值（百分制）			计算值		
1	70	10	20	0.5734	0.2680	0.1585	18	73	12	15	0.9401	0.0599	0.0000
2	60	23	17	0.5197	0.3331	0.1472	19	78	21	1	0.7254	0.1963	0.0782
3	51	39	10	0.5627	0.2211	0.2162	20	52	25	23	0.5400	0.3108	0.1492
4	43	31	26	0.6336	0.2518	0.1147	21	48	15	37	0.5543	0.2067	0.2390
5	62	10	28	0.6107	0.2436	0.1457	22	60	10	30	0.6950	0.1868	0.1181
6	74	2	24	0.7501	0.2046	0.0453	23	70	10	20	0.8402	0.1225	0.0373
7	61	17	22	0.7320	0.0563	0.2117	24	82	15	3	1.0000	0.0000	0.0000
8	67	17	16	0.8712	0.0681	0.0607	25	42	35	23	0.5074	0.4075	0.0851
9	57	24	19	0.8165	0.1835	0.0000	26	65	20	15	0.7551	0.1346	0.1103
10	63	25	12	0.7987	0.1158	0.0855	27	49	36	15	0.6700	0.2847	0.0454
11	60	20	20	0.4069	0.2876	0.3055	28	70	10	20	0.7930	0.1166	0.0904
12	30	40	30	0.2266	0.7341	0.0394	29	56	28	16	0.7670	0.1605	0.0725
13	49	30	21	0.7056	0.2232	0.0712	30	19	58	23	0.1531	0.7001	0.1468
14	78	11	11	0.9370	0.0180	0.0450	31	47	13	40	0.4304	0.2808	0.2889
15	19	23	58	0.3468	0.2566	0.3966	32	85	8	7	1.0000	0.0000	0.0000
16	79	14	7	0.8744	0.0766	0.0490	33	45	16	39	0.3929	0.4455	0.1616
17	35	42	23	0.4030	0.2761	0.3210	34	69	24	7	0.8025	0.1307	0.0667

序号	调研值（百分制）			计算值			序号	调研值（百分制）			计算值		
35	68	14	18	0.9089	0.0729	0.0182	54	66	21	13	0.6571	0.3429	0.0000
36	89	5	6	0.9428	0.0572	0.0000	55	17	42	41	0.4105	0.3236	0.2659
37	60	19	21	0.6952	0.2535	0.0513	56	36	61	3	0.2294	0.7706	0.0000
38	52	18	30	0.3175	0.2268	0.4557	57	35	47	18	0.4656	0.3583	0.1761
39	60	30	10	0.7447	0.1860	0.0692	58	54	33	13	0.7899	0.0992	0.1109
40	59	9	32	0.6382	0.2273	0.1344	59	74	16	10	0.9245	0.0755	0.0000
41	48	29	23	0.6285	0.2357	0.1358	60	61	6	33	0.5734	0.2680	0.1585
42	35	24	41	0.5896	0.2448	0.1656	61	55	10	35	0.5758	0.2612	0.1630
43	71	27	2	0.8990	0.0773	0.0238	62	52	13	35	0.5440	0.2853	0.1708
44	62	33	5	0.7923	0.2077	0.0000	63	65	7	28	0.6471	0.2118	0.1411
45	43	10	47	0.5017	0.2418	0.2566	64	50	10	40	0.6240	0.2183	0.1577
46	76	7	17	1.0000	0.0000	0.0000	65	56	9	35	0.5734	0.2680	0.1585
47	70	1	29	0.9003	0.0819	0.0178	66	59	28	13	0.6726	0.1749	0.1526
48	37	37	26	0.4908	0.2639	0.2454	67	40	54	6	0.5370	0.2904	0.1726
49	45	48	7	0.5358	0.3105	0.1537	68	55	10	35	0.6896	0.1702	0.1401
50	31	33	36	0.2056	0.1891	0.6053	69	60	15	25	0.6593	0.1990	0.1417
51	37	38	25	0.5488	0.3075	0.1436	70	50	20	30	0.5719	0.2569	0.1712
52	76	20	4	0.9250	0.0750	0.0000	71	40	20	40	0.5734	0.2680	0.1585
53	90	5	5	1.0000	0.0000	0.0000	72	62	5	33	0.5734	0.2680	0.1585

续表

序号	调研值（百分制）			计算值			序号	调研值（百分制）			计算值		
73	34	30	36	0.5236	0.3266	0.1499	92	47	32	21	0.5798	0.2664	0.1537
74	45	21	34	0.5497	0.2943	0.1560	93	70	5	25	0.7085	0.1552	0.1363
75	43	37	20	0.6423	0.1905	0.1672	94	51	25	24	0.6488	0.2011	0.1501
76	56	20	24	0.5235	0.3249	0.1516	95	34	47	19	0.5533	0.2609	0.1858
77	52	30	18	0.5734	0.2680	0.1585	96	46	25	29	0.5209	0.3286	0.1505
78	49	17	34	0.6318	0.2017	0.1665	97	62	36	2	0.6295	0.2267	0.1438
79	50	15	35	0.6405	0.1994	0.1601	98	54	32	14	0.6022	0.2519	0.1459
80	45	25	30	0.6618	0.1828	0.1554	99	43	44	13	0.5611	0.2658	0.1731
81	50	26	24	0.6629	0.1989	0.1382	100	50	12	38	0.5716	0.2636	0.1648
82	50	18	32	0.5971	0.2181	0.1848	101	75	8	17	0.5773	0.2708	0.1519
83	59	5	36	0.5822	0.2513	0.1664	102	50	10	40	0.6068	0.2558	0.1374
84	55	37	8	0.5729	0.2698	0.1574	103	46	15	39	0.5989	0.2218	0.1793
85	50	20	30	0.6758	0.1845	0.1397	104	63	33	4	0.6483	0.1682	0.1835
86	29	34	37	0.5435	0.2865	0.1700	105	44	25	31	0.5470	0.2944	0.1586
87	35	46	19	0.5497	0.2943	0.1560	106	47	22	31	0.6195	0.2370	0.1436
88	41	29	30	0.5440	0.2973	0.1587	107	35	20	45	0.6478	0.1946	0.1575
89	49	19	32	0.5734	0.2680	0.1585	108	43	23	34	0.5604	0.2489	0.1908
90	45	47	8	0.5526	0.2914	0.1560	109	51	9	40	0.5877	0.2333	0.1790
91	48	32	20	0.6512	0.2093	0.1395	110	41	37	22	0.5306	0.3177	0.1517

序号	调研值（百分制）			计算值			序号	调研值（百分制）			计算值		
111	61	15	24	0.5418	0.3004	0.1578	122	39	36	25	0.5734	0.2680	0.1585
112	32	32	36	0.5453	0.2773	0.1774	123	60	10	30	0.6743	0.1733	0.1525
113	59	17	24	0.6103	0.2559	0.1338	124	70	15	15	0.5892	0.2521	0.1586
114	40	36	24	0.5765	0.2634	0.1601	125	31	32	37	0.5735	0.2538	0.1727
115	50	10	40	0.6060	0.2381	0.1558	126	58	11	31	0.6334	0.2085	0.1580
116	40	30	30	0.5822	0.2493	0.1684	127	57	4	39	0.6408	0.2022	0.1570
117	80	10	10	0.6747	0.1742	0.1511	128	69	5	26	0.6516	0.2095	0.1389
118	67	13	20	0.6786	0.1797	0.1417	129	62	36	2	0.5519	0.2857	0.1624
119	40	30	30	0.5306	0.3177	0.1517	130	66	26	8	0.6590	0.1924	0.1487
120	54	25	21	0.6581	0.2046	0.1373	131	39	42	19	0.5902	0.2471	0.1627
121	50	20	30	0.7287	0.1470	0.1243	132	73	21	6	0.6739	0.1776	0.1485

五、社会化商务感知信任综合值调研数据及模型输出值

序号	调研值（百分制）			计算值			序号	调研值（百分制）			计算值		
1	64	24	12	0.5245	0.3054	0.1701	18	40	30	30	0.9002	0.0998	0.0000
2	64	30	6	0.4133	0.4006	0.1861	19	59	20	21	0.6837	0.2060	0.1103
3	37	27	36	0.5046	0.2602	0.2352	20	47	32	21	0.5300	0.2851	0.1849
4	51	35	14	0.5912	0.2893	0.1195	21	51	13	36	0.4404	0.2144	0.3453
5	43	47	10	0.5404	0.2749	0.1847	22	60	20	20	0.6806	0.1647	0.1547
6	65	18	17	0.7969	0.1879	0.0152	23	90	3	7	0.8745	0.0959	0.0296
7	72	14	14	0.7648	0.0000	0.2352	24	85	15	0	1.0000	0.0000	0.0000
8	80	0	20	0.8989	0.0000	0.1011	25	55	45	0	0.4838	0.4197	0.0965
9	0	100	0	0.8000	0.2000	0.0000	26	79	14	7	0.7750	0.1350	0.0900
10	80	10	10	0.8049	0.1101	0.0850	27	42	43	15	0.6699	0.2851	0.0450
11	48	39	13	0.2902	0.3199	0.3899	28	83	17	0	0.8246	0.1015	0.0739
12	56	38	6	0.0443	0.9361	0.0197	29	70	20	10	0.7504	0.1748	0.0748
13	39	45	16	0.7055	0.2347	0.0599	30	65	21	14	0.0000	0.7554	0.2446
14	70	15	15	0.9252	0.0050	0.0698	31	40	30	30	0.3300	0.3300	0.3400
15	28	43	29	0.2700	0.1890	0.5410	32	60	40	0	1.0000	0.0000	0.0000
16	77	19	4	0.7906	0.1277	0.0817	33	30	53	17	0.3855	0.3451	0.2694
17	31	33	36	0.3559	0.2699	0.3742	34	66	32	2	0.8749	0.0950	0.0301

序号	调研值（百分制）			计算值			序号	调研值（百分制）			计算值		
35	85	15	0	0.8482	0.1215	0.0304	54	100	0	0	0.4286	0.5714	0.0000
36	60	40	0	1.0000	0.0000	0.0000	55	31	32	37	0.3500	0.3699	0.2801
37	69	16	15	0.7300	0.2500	0.0200	56	10	90	0	0.0000	1.0000	0.0000
38	1	24	75	0.0100	0.2900	0.7000	57	37	43	20	0.3751	0.4151	0.2099
39	80	18	2	0.7400	0.2100	0.0500	58	100	0	0	0.6499	0.1653	0.1848
40	43	32	25	0.6898	0.2251	0.0851	59	95	5	0	0.9505	0.0495	0.0000
41	58	31	11	0.6405	0.1703	0.1892	60	64	24	12	0.5245	0.3054	0.1701
42	48	38	14	0.5850	0.2307	0.1844	61	52	34	14	0.5100	0.3098	0.1802
43	0	100	0	0.8316	0.1288	0.0396	62	57	29	14	0.4655	0.3491	0.1855
44	98	2	0	0.9003	0.0997	0.0000	63	61	26	13	0.6251	0.2349	0.1400
45	51	13	36	0.4298	0.2950	0.2752	64	57	27	16	0.5954	0.2446	0.1601
46	80	10	10	1.0000	0.0000	0.0000	65	64	24	12	0.5245	0.3054	0.1701
47	100	0	0	0.9303	0.0697	0.0000	66	55	31	14	0.6750	0.1850	0.1400
48	48	32	20	0.4610	0.2353	0.3037	67	59	29	12	0.4512	0.3533	0.1956
49	63	28	9	0.4852	0.3700	0.1448	68	57	25	18	0.7000	0.1750	0.1250
50	11	9	80	0.0200	0.1999	0.7801	69	54	32	14	0.6501	0.2149	0.1350
51	40	36	24	0.5592	0.3149	0.1259	70	52	30	18	0.5148	0.3050	0.1801
52	80	20	0	0.8751	0.1249	0.0000	71	64	24	12	0.5245	0.3054	0.1701
53	94	6	0	1.0000	0.0000	0.0000	72	64	24	12	0.5245	0.3054	0.1701

续表

序号	调研值（百分制）			计算值			序号	调研值（百分制）			计算值		
73	64	30	6	0.4227	0.3912	0.1860	92	56	29	15	0.5248	0.3151	0.1601
74	64	27	9	0.4752	0.3494	0.1754	93	60	27	13	0.7299	0.1501	0.1200
75	51	32	17	0.6350	0.2050	0.1600	94	61	24	15	0.6351	0.2149	0.1500
76	64	29	7	0.4226	0.3914	0.1860	95	55	26	19	0.4948	0.3100	0.1952
77	64	24	12	0.5245	0.3054	0.1701	96	63	30	7	0.4181	0.3958	0.1860
78	50	34	16	0.6100	0.2249	0.1651	97	53	30	17	0.6000	0.2550	0.1450
79	56	28	16	0.6200	0.2200	0.1600	98	51	35	14	0.5448	0.2951	0.1601
80	59	22	19	0.6650	0.1900	0.1450	99	52	30	18	0.4950	0.3198	0.1852
81	64	21	15	0.6602	0.2098	0.1300	100	53	31	16	0.5099	0.3150	0.1752
82	52	29	19	0.5550	0.2499	0.1951	101	60	28	12	0.5197	0.3152	0.1652
83	49	35	16	0.5198	0.3001	0.1801	102	58	28	14	0.5653	0.2945	0.1402
84	56	30	14	0.5099	0.3198	0.1702	103	58	27	15	0.5550	0.2549	0.1901
85	61	26	13	0.6751	0.1949	0.1300	104	61	20	19	0.6450	0.1750	0.1800
86	60	27	13	0.4703	0.3444	0.1853	105	64	27	9	0.4705	0.3491	0.1805
87	64	27	9	0.4752	0.3494	0.1754	106	53	30	17	0.5849	0.2700	0.1451
88	64	27	9	0.4655	0.3540	0.1805	107	48	38	14	0.6350	0.2150	0.1500
89	64	24	12	0.5245	0.3054	0.1701	108	46	29	25	0.4999	0.3000	0.2001
90	64	27	9	0.4801	0.3445	0.1754	109	45	35	20	0.5299	0.2751	0.1950
91	58	28	14	0.6301	0.2298	0.1401	110	64	29	7	0.4369	0.3822	0.1808

序号	调研值（百分制）			计算值			序号	调研值（百分制）			计算值		
111	64	27	9	0.4606	0.3589	0.1805	122	64	24	12	0.5245	0.3054	0.1701
112	58	27	15	0.4752	0.3345	0.1904	123	61	24	15	0.6752	0.1799	0.1450
113	60	26	14	0.5755	0.2894	0.1351	124	49	34	17	0.5299	0.3000	0.1701
114	57	28	15	0.5201	0.3097	0.1702	125	52	29	19	0.5198	0.3001	0.1801
115	51	31	18	0.5650	0.2750	0.1601	126	55	27	18	0.6100	0.2300	0.1600
116	51	29	20	0.5299	0.2950	0.1751	127	52	35	13	0.6201	0.2248	0.1551
117	55	28	17	0.6800	0.1800	0.1400	128	53	30	17	0.6400	0.2300	0.1300
118	62	24	14	0.6802	0.1848	0.1350	129	62	27	11	0.4800	0.3397	0.1803
119	64	29	7	0.4369	0.3822	0.1808	130	49	33	18	0.6550	0.2100	0.1350
120	58	26	16	0.6504	0.2196	0.1301	131	51	31	18	0.5399	0.2901	0.1700
121	68	14	18	0.7697	0.1302	0.1001	132	57	28	15	0.5399	0.2901	0.1700